모든 **KB092388** 배우는

모던 자바스크립트로 배우는 리액트 입문

유데미 리액트 강의 최고 평가를 받은 인기 강사에게 배우는 실전 리액트

초판 1쇄 발행 2022년 11월 7일

지은이 자케(오카다 다쿠미) / **옮긴이** 김모세 / **펴낸이** 김태헌
펴낸곳 한빛미디어(주) / **주소** 서울시 서대문구 연희로2길 62 한빛미디어(주) IT출판2부
전화 02-325-5544 / **팩스** 02-336-7124
등록 1999년 6월 24일 제25100-2017-000058호 / **ISBN** 979-11-6921-045-4 93000

총괄 송경석 / **책임편집** 홍성신 / **기획·편집** 이윤지
디자인 표지 이아란 내지 박정화 / **전산편집** 다인
영업 김형진, 김진불, 조유미 / **마케팅** 박상용, 한종진, 이행은, 고광일, 성화정 / **제작** 박성우, 김정우

이 책에 대한 의견이나 오탈자 및 잘못된 내용에 대한 수정 정보는 한빛미디어(주)의 홈페이지나 아래 이메일로
알려주십시오. 잘못된 책은 구입하신 서점에서 교환해드립니다. 책값은 뒤표지에 표시되어 있습니다.

한빛미디어 홈페이지 www.hanbit.co.kr / 이메일 ask@hanbit.co.kr

지금 하지 않으면 할 수 없는 일이 있습니다.
책으로 펴내고 싶은 아이디어나 원고를 메일(writer@hanbit.co.kr)로 보내주세요.
한빛미디어(주)는 여러분의 소중한 경험과 지식을 기다리고 있습니다.

모던
자바스크립트로
배우는
리액트
입문

유데미 리액트 강의
최고 평가를 받은
인기 강사에게 배우는 실전 리액트

지케(오가다 다쿠미) 지음
김모세 옮김

한빛미디어
Hanbit Media, Inc.

지은이 · 옮긴이 소개

지은이 자케(오카다 다쿠미)

Reach Script 대표이사. SIer(System Integrator), 프리랜서 프런트엔드 엔지니어를 거쳐 회사를 설립했다. 대표이사지만 자신도 펫×테크놀로지 서비스 개발에 참여한다. 온라인교육 플랫폼 유데미에서 리액트 강의를 운영하고 있으며 최고 평가를 받는 등 베스트셀러 강사로도 재리매김 중이다.

Site   https://reach-script.com/
Twitter   https://twitter.com/bb_ja_k
Udemy   https://www.udemy.com/user/huriransuziyakee/

옮긴이 김모세 creatinov.kim@gmail.com

소프트웨어 엔지니어, 소프트웨어 품질 엔지니어, 애자일 코치 등 다양한 부문에서 소프트웨어 개발에 참여했다. 재미있는 일, 나와 조직이 성장하고 성과를 내도록 돕는 일에 보람을 느끼며 스스로 도전하는 사람이 되기 위해 노력하고 있다.

『코드 품질 시각화의 정석』(지앤선)을 썼고 『전문가를 위한 파이썬 프로그래밍(제4판)』 『AWS로 시작하는 인프라 구축의 정석』(제이펍), 『구글 앱스 스크립트 완벽 가이드』『동시성 프로그래밍』(한빛미디어), 『좋은 팀을 만드는 24가지 안티패턴 타파 기법』(에이콘) 등을 옮겼다.

옮긴이의 말

리액트는 여러분이 잘 알고 있듯 웹 페이지의 사용자 인터페이스를 만들 때 사용하는 자바스크립트 라이브러리입니다. 여러 웹 프런트엔드 개발 언어 중에서 자바스크립트와 함께 항상 인기 순위 상위를 차지하고 있습니다. 리액트는 매우 접근하기 쉽고 간단하게 사용할 수 있는 것처럼 보이지만 실제로 구현을 해보면 생각과 다르게 동작하는 경우가 있습니다. 그리고 예상했던 것과 다른 그 동작들이 리액트 학습을 녹록지 않게 만드는 장벽이 됩니다.

모든 프로그래밍 언어에는 학습 장벽이 존재합니다. 저자의 말을 따르면 리액트 또한 두 개의 큰 장벽을 넘어야 합니다. 그중 첫 번째는 리액트 고유의 독특한 표기법이나 세계관으로 인한 장벽, 두 번째는 중급자에서 상급자가 될 때 만나는 장벽입니다. 이 책은 그중 첫 번째 장벽을 해소할 수 있는 언어적 특성에 관한 설명과 구체적인 예시를 다루고 있습니다. 마치 드라마와 같은 구성으로 진행되는 것 또한 특징입니다. 이제 막 리액트 개발에 발을 들인 분은 물론이고 리액트로 대변되는 모던 자바스크립트에 관해 더 정확한 개념을 수립하고자 하는 분에게 도움이 될 책입니다.

끝으로 좋은 책을 번역할 수 있는 기회를 주신 한빛미디어 김태헌 대표님, 편집 과정에서 많은 도움을 준 이윤지 편집자에게 고맙습니다. 또한 바쁜 번역 일정 가운데서도 한결같은 믿음으로 저를 지지해주는 아내와 컴퓨터 앞에 앉아 시간을 보내는 아빠를 응원해주는 세 딸에게도 깊은 감사의 마음을 전합니다.

2022년 9월

김모세

들어가며

리액트 학습에 고전을 겪는 이유는 '자바스크립트'에 대한 이해가 부족하기 때문입니다.

많은 사람과 상담하며 이 사실을 알게 되었습니다. 저는 2년 넘게 매월 스터디를 열고 있으며 감사하게도 지금은 매번 50명 이상이 참가하는 커뮤니티로 성장하였습니다. 커뮤니티에서 리액트를 배우기 어려워하는 이들의 이야기를 듣고 상담하던 중 두 가지 공통점을 발견하게 되었습니다. 그것은 '자바스크립트 자체에 대한 이해 부족' 그리고 '잘못된 학습 순서'입니다.

리액트 학습 곡선에는 크게 두 개의 벽이 있습니다. 첫 번째는 학습을 시작하고 리액트의 독특한 표기법이나 세계관에 익숙해지지 않아 코드를 제대로 작성하지 못해서 만나는 벽, 두 번째는 리액트 중급자에서 상급자가 될 때 만나는 벽입니다. 테스트 가능한 설계나 성능 향상을 위해서는 다양한 비법을 구사할 수 있는 능력이 필요합니다. 이 책은 그중에서 첫 번째 벽을 넘는 데 도움을 주기 위한 목적으로 썼습니다. 그 벽을 넘음으로써 '리액트 굉장하다!' '리액트 즐겁다!'고 생각하게 되면 이후에는 한층 더 수월하게 배울 수 있을 것입니다.

이 책은 온라인 동영상 학습 플랫폼인 유데미^{Udemy}에서 강의하고 최고 평가를 얻은 두 개의 리액트 코스를 요약하여 내용을 추가, 수정해서 썼습니다. 등장인물의 대화를 사이사이 추가한 이야기 형식으로 입문자도 더욱 쉽게 학습할 수 있도록 했습니다. 현장에서 실제로 경험한 내용도 포함되어 있으니 프로그래밍 업계에 몸담고자 하는 분들도 재미있게 읽을 수 있을 것입니다.

리액트는 널리 사용되는 프레임워크이며 프런트엔드 개발에 유력한 선택지 중 하나입니다. 이렇게나 인기 있는 리액트에 입문하는 독자 여러분에게 이 책이 도움 된다면 좋겠습니다.

2021년 8월

Reach Script Inc.

자케(오카다 다쿠미)

6

이 책에 대하여

대상 독자

- 리액트를 배우고 싶은 입문자
- 자바스크립트도 리액트도 어려운 프런트엔드 개발 입문자
- 기존 자바스크립트에서 모던 자바스크립트로의 변화가 궁금한 개발자
- 모던 프런트엔드의 개요를 파악하고 싶은 백엔드 또는 인프라 개발자

이 책의 구성

이 책은 회사에 다니는 주인공이 리액트를 배우는 과정을 이야기 형식으로 그리고 있습니다. 각 장 도입 부분의 Episode에서 배울 내용을 소개하고 이어서 그와 관련된 기술을 설명합니다.

누시다

입사 3년 차. 부서 이동으로 올해부터 프런트엔드를 담당하게 되었다. 아직 현장 경험이 많지 않아 미숙한 부분은 있지만 성장하려는 욕구가 높고 주변에서 기대하는 목소리도 높다.

1~3장에서는 리액트를 공부하기 전에 알아야 할 자바스크립트 기초를 배웁니다. 리액트를 포기하지 않고 학습하기 위해서는 이 부분이 매우 중요합니다.

4장부터는 리액트 기본, 리액트에서 CSS 다루기, 재렌더링, 글로벌 State 관리, 리액트 개발에 타입스크립트^{TypeScript} 사용하기 등 리액트 개발에 필요한 지식을 소개합니다.

예제 소스

이 책에서 설명하는 예제는 다음 URL에서 다운로드할 수 있습니다. 학습에 참고 정보로 사용하기 바라며 예제 소스를 다운로드할 때는 사이트에 기재된 주의사항을 반드시 읽기 바랍니다.

URL   https://github.com/moseskim/book-react-code

contents

chapter 1 모던 자바스크립트 기초

chapter 2 모던 자바스크립트 기능 익히기

chapter 3 자바스크립트에서 DOM 조작

chapter 4 리액트 기본

chapter 5 리액트와 CSS

chapter 6 재렌더링 구조와 최적화

모던 자바스크립트 기초

모던 프런트엔드를 다뤄본 경험이 없다면 리액
트를 배우려 할 때 매우 혼란스러울 수 있습니다.
우선 프런트엔드 관련 지식과 개념부터 살펴봅
시다.

4사업부에 배치된 나는 불안과 기대감이 뒤섞인 뭔지 모를 이상한 기분으로 새 자리에 앉았다.

(VB^{Visual Basic}밖에 해본 적이 없는데... 모던한 개발의 '모'자도 모르는데 도움이 안 된다는 말을 들으면 어쩌지... 이럴 줄 알았으면 개인적으로 공부를 더 하는 거였는데...)

아, 새로운 팀원이군요?

뒤에서 말을 걸어온 여성은 사키오카 선배였다. 6년 차 프런트엔드 개발자이며 학습 의욕이 높은 것은 물론 기술도 뛰어나 사내에서도 주목을 받고 있다. 내가 동경하는 대선배다.

사키오카

프런트엔드 개발자 입사 6년 차. 리액트가 특기이며 개인적으로 스터디도 여는 등 학습 의욕이 높고 사내 평가도 좋다.

오늘부터 함께하게 된 누시다입니다. 잘 부탁드립니다!

잘 부탁해요. 처음엔 어려울 수도 있지만 힘내요. 누시다 씨는 리액트 쪽을 담당하면 좋겠어요. 혹시 리액트를 다뤄본 경험은 있나요?

아뇨, 솔직히 말하면 없습니다. 반년 전에 Progate나 공식 사이트를 보면서 코드를 작성해본 적이 있는데 뭘 하는 건지 느낌이 오지 않아서 도중에 포기했습니다.

저런, 학습 순서가 잘못되었네요.

네? 순서가요?

리액트 배우는 데 어려움을 느끼는 사람들은 대부분 자바스크립트에 대한 이해가 부족해요. 예를 들어 가상 DOM^{Virtual DOM}, 모듈 핸들러, 분할 대입, 스프레드 구문, 화살표 함수 등. 지금 이야기한 것 중 하나라도 제대로 알지 못한다면 리액트를 학습하더라도 이해하기 어려울 수 있어요.

그렇구나! 무릎을 탁 쳤다. 확실히 공식 사이트를 보면서 '이렇게 작성하면 이렇게 동작한다'는 것은 대충 이해했었다. 하지만 작성한 프로그램 뒤에서 무슨 일이 벌어지는지, 코드를 봐도 어디부터 어디까지가 자바스크립트 자체 기능이고 리액트 기능인지 전혀 알지 못했다.

그럼, 저는 이제 어떻게 하면 좋을까요?

반쯤 우는 심정으로 사키오카 선배에게 물었다.

우선 모던 자바스크립트 기초를 익히면 좋을 것 같아요. 그런 다음 한 번 더 기초부터 리액트를 공부하죠. 분명 반년 전과는 다른 세상이 보일 거예요.

네!!

선배가 마치 여신처럼 보였다. 이 사람을 평생 따르겠다고 생각하면서 모던 자바스크립트 공부를 시작했다.

이번 장에서는 모던 자바스크립트의 구조와 개념을 설명합니다. '모던 자바스크립트'는 대체 무엇을 의미할까요? 솔직하게 말하면 언제부터 모던으로 봐야 하는지 명확한 기준은 없습니다. 그러나 일반적으로 모던 자바스크립트를 말할 때는 다음과 같은 특징을 꼽습니다.

- 리액트, 뷰Vue, 앵귤러Angular 등 가상 DOM을 이용하는 라이브러리/프레임워크를 사용(최근에는 스벨트Svelte처럼 가상 DOM을 이용하지 않는 기술도 등장)
- npm, yarn 등 패키지 관리자 사용
- 주로 ES2015(ES6) 이후의 표기법 사용
- 웹팩webpack 등 모듈 핸들러 사용
- 바벨Babel 등 트랜스파일러transpiler 사용
- SPASingle Page Application로 작성

이 용어들을 대부분 모르더라도 괜찮습니다. 이번 장을 읽으며 어렴풋하게나마 개념을 이해한 뒤 리액트에 뛰어드는 것이 학습 효과가 더 좋습니다.

자바스크립트를 배워야 하는 이유

이 책을 읽는 여러분은 이제 막 프로그래밍 세계에 뛰어들어 배우는 중이거나, 제이쿼리jQuery 전성기를 기점으로 프런트엔드 지식이 멈췄거나, 백엔드를 주로 개발하지만 최신 프런트엔드 흐름을 따라잡기 위해 공부하는 등 사연이 다양할 것입니다. 혹시 다음과 같은 생각을 하진 않았나요?

'도대체 리액트(모던 자바스크립트)를 배웠을 때의 장점은 무엇일까?'

시간은 유한합니다. 누구나 시간을 헛되이 보내고 싶지 않고 최소의 노력으로 최대의 성과를 얻고 싶어 합니다. 결론부터 말하자면 모던 자바스크립트는 배울 만한 가치가 있습니다. 애초에 자바스크립트는 웹 브라우저에서 복잡한 동작을 구현하는 정도였지만 지금은 프런트엔드 뿐만 아니라 백엔드도 구현할 수 있습니다(Node.js나 Deno 등). 그뿐만 아니라 스마트폰 애플리케이션을 만들 수 있고 ARAugmented Reality(증강 현실)이나 VRVirtual Reality(가상 현실), 음성 인식, 데스크톱 애플리케이션도 자바스크립트로 구현합니다. 하나의 언어로 적용할 수

있는 범위 측면에서 보면 자바스크립트는 모든 언어 중에서 단연 으뜸이라고 말할 수 있습니다. 그리고 웹 시스템 개발에는 프런트엔드 구현에 자바스크립트를 100% 사용하므로 공부한 노력이 헛수고가 되는 일은 없습니다.

장점이자 단점이기도 하지만 프런트엔드는 기술 변화가 매우 빠르다는 것이 특징입니다. 그래서 업계 전반적으로 모던 프런트엔드를 할 줄 아는 사람이 부족해 회사들이 어려움을 겪고 있습니다. 달리 생각하면 모던 프런트엔드를 다룰 줄 알면 취업에 유리할 수도 있습니다.

불편한 사실은 현재 리액트를 학습하더라도 4, 5년 뒤에는 상황이 전혀 달라질 수 있어 평생 공부할 각오를 해야 한다는 점입니다(프로그래밍 업계 자체가 그런 측면이 강합니다). 한 해가 멀다 하고 새로운 기술이 등장해 심심할 틈이 없기 때문에 프로그래밍은 재미있는 분야라고 생각합니다.

그럼 프런트엔드의 중심, 모던 자바스크립트를 배워봅시다.

1.2 DOM, 가상 DOM

프런트엔드 개발과 DOM(돔)은 떼려야 뗄 수 없는 사이입니다. DOM은 HTML을 해석해서 트리 구조로 나타낸 것이며 Document Object Model의 약어입니다. 웹 브라우저에서 개발 도구를 열면 [그림 1-1]과 같은 화면을 볼 수 있습니다.

그림 1-1 구글 첫 페이지에서 개발자 도구를 열어 DOM을 확인

기존 자바스크립트에서는 화면 요소를 변경할 때 DOM을 직접 지정해서 바꿔 쓰는 처리를 했습니다. 다음은 순수한 자바스크립트나 제이쿼리를 사용해 화면에 요소를 추가하는 코드 예입니다.

순수한 자바스크립트

```
// id=nushida를 가진 요소 아래에 Hello World!!라고 설정한 p 태그를 삽입한다.
var textElement = document.createElement("p");
textElement.textContent = "Hello World!!";
document.getElementById("nushida").appendChild(textElement);
```

제이쿼리

```
// id=nushida를 가진 요소 아래 Hello World!!라고 설정한 p 태그를 삽입한다.
var textElement = $("<p>").text("Hello World!!");
$("#nushida").append(textElement);
```

이런 코드는 순차적이어서 이해하기 쉽지만 렌더링 비용(화면 표시 속도)에 문제가 발생하기 쉽고 프로그램 코드가 비대해져 어디에서 무엇을 하고 있는지 쉽게 파악하기 어려운 단점이 있었습니다. 이런 문제를 해결하기 위해 만들어진 것이 가상 DOM입니다.

가상 DOM

가상 DOM은 자바스크립트 객체로 만들어진 가상의 DOM입니다. 이를 이용해 실제 DOM 과의 차이를 비교하고 변경된 부분만을 실제 DOM에 반영함으로써 DOM 조작을 최소한으로 줄일 수 있습니다(그림 1-2).

그림 1-2 가상 DOM

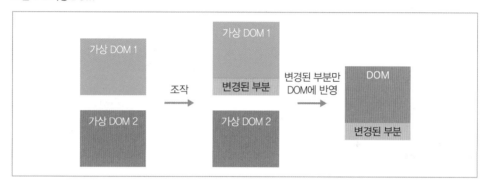

리액트, Vue 등 모던 자바스크립트 프레임워크나 라이브러리에서는 가상 DOM을 제공합니다. 그 덕분에 페이지 이동은 자바스크립트의 화면 치환으로 구현하지만 렌더링 비용을 최소한으로 억제해 쾌적한 웹 시스템을 제공할 수 있습니다.

이런 설명을 들으면 어렵다는 느낌을 받을 수도 있지만 리액트는 이런 점들을 전혀 의식하지 않아도 자동으로 뒤에서 훌륭하게 처리해줍니다. 단지 구조적인 측면에서 가상 DOM을 사용한다는 것만 알아두기 바랍니다.

1.3 패키지 관리자

패키지 관리자를 설명하기 위해 먼저 이전에는 자바스크립트를 어떻게 개발했는지 살펴봅시다. 예전에는 자바스크립트로 개발할 때 모든 처리를 파일 하나에 기술했습니다. 그래서 복잡한 시스템에서는 코드가 수천 행 이상이 되어 매우 혼란스러웠습니다. 또한 그 코드들은 재사용할 수가 없어 개발 효율도 매우 떨어졌습니다.

이후에는 js 파일에서 다른 js 파일을 로딩해 사용할 수 있도록 개선되었습니다. 덕분에 코드 공통화나 재사용이 가능하게 되었습니다. 그러나 로딩 순서를 지키지 않으면 에러가 발생하거나(의존 관계), 로딩한 상수나 변수를 사용하는 경우 무엇이 어디에서 로딩된 것인지 매우 알기 어려운 문제 등이 있었습니다.

그럼 모던 자바스크립트는 어떨까요? npm이나 yarn과 같은 패키지 관리자를 사용함으로써 앞에서 설명한 문제점들이 크게 개선되었습니다.

패키지 관리자

백엔드, 프런트엔드를 불문하고 어떤 프로그래밍 언어를 사용해 개발하는 경우 기본적으로 외부에 공개된 다양한 패키지를 이용하게 됩니다.

처음부터 개발하면 '바퀴의 재발명reinventing the wheel'이라고 놀림받을 수도 있습니다. 이미 만들어진 것이 있는데 굳이 0부터 개발하는 것보다는 사용 가능하고 편리한 것은 활용하고, 프로젝트에 필요한 시간과 에너지를 꼭 쏟아야 할 부분에 집중하는 것이 낫습니다.

단, 패키지를 설치할 때 개발자가 각각의 PC에 자유롭게 설치하면 버전이 다 달라 동일한 환경을 재현하기가 매우 번거로워집니다. 그래서 요즘은 일반적으로 패키지 관리, 설치, 업그레이드 등을 전담하는 패키지 관리자를 사용합니다. 다음은 대표적인 패키지 관리자입니다.

- 자바스크립트의 npm
- 루비Ruby의 gem
- PHP의 composer
- 기타

npm이나 yarn은 다음과 같은 장점을 가지고 있으며 앞에서 설명한 문제를 해결합니다.

- 의존 관계를 의식하지 않아도 자동으로 해결해준다.
- 팀 안에서 패키지를 공유하고 버전을 통일하기가 쉽다.
- 전 세계에 공개된 패키지를 하나의 명령어로 이용할 수 있다.
- 어디에서 로딩한 것인지 알기 쉽다.

이렇게나 편리한 요소들이 많지만 글로만 설명하면 머리에 잘 그려지지 않으므로 [그림 1-3]을 봅시다.

그림 1-3 npm, yarn의 기본 개념

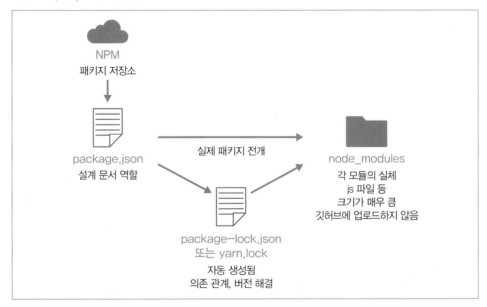

NPM은 전 세계 사람이 패키지 공개 장소로 사용하고 있습니다(일반적으로 대문자는 저장소, 소문자는 패키지 관리로서의 npm[1]을 나타내는 경우가 많습니다). 그리고 다음과 같은 명령어[2]를 사용해 사용자 PC에 패키지를 설치할 수 있습니다.

---

1 npm 또는 yarn 설치 필요
2 맥에서는 터미널, 윈도우에서는 명령 프롬프트로 명령어를 사용

▼ npm

```
npm install [패키지명]
```

▼ yarn

```
yarn add [패키지명]
```

이렇게 간단한 명령어를 실행하는 것만으로도 전 세계 사람이 공개한 편리한 패키지들을 사용할 수 있습니다.

명령어를 실행하면 로컬 파일인 package.json이 변경되고 패키지 정보가 추가됩니다. 동시에 npm으로 설치했을 때는 package-lock.json 파일이, yarn으로 설치했을 때는 yarn.lock 파일이 생성(및 업데이트)됩니다. lock 파일에는 패키지가 내부에서 사용하는 다른 패키지의 버전 정보나 의존 관계가 기록됩니다.

이 두 개의 파일로 어떤 패키지의 어떤 버전이 설치되어 있는지 알 수 있기 때문에 다른 사용자의 터미널에서도 완전히 동일한 환경을 바로 만들 수 있습니다.

package.json과 package-lock.json(yarn.lock) 두 파일에서 모듈을 전개(같은 환경을 작성)하는 것도 매우 간단합니다. 다음 명령어를 실행하기만 하면 됩니다.

▼ npm

```
npm install
```

▼ yarn

```
yarn install
```

명령어를 실행하면 두 파일을 참조해 버전이나 의존 관계가 해결된 상태로 node_modules라는 폴더를 만들고 그 안에 실제 패키지를 전개합니다. 실제로 프로그램을 실행했을 때는 node_modules 안을 참조해 패키지를 편리하게 작동시킬 수 있습니다.

node_modules 폴더는 용량이 매우 크기 때문에 깃허브GitHub 같은 소스 관리 도구에 업로드하거나 복사 및 붙여 넣기로 이동하는 등의 작업은 하지 않는 것을 권장합니다. 앞에서 설명한 것처럼 두 개의 package 파일만 있으면 어떤 환경에서도 같은 node_modules를 재현할 수 있으므로 일부러 용량이 큰 무거운 파일을 주고받을 필요가 없습니다.

npm이나 yarn에는 이외에도 여러 가지 세세한 옵션을 제공하므로 상세 내용은 별도로 학습이 필요합니다. 우선은 구조 개념이 이러하다는 정도로 알아둡시다.

도와주세요
선배님!

깃허브에 업로드하지 않는다고요?

 최근에는 소스 코드 버전 관리에 깃Git을 많이 이용해요! 깃으로 관리한 코드를 업로드하거나 공유하는 장소로 깃허브를 이용하죠.

 깃허브에 업로드하면 안 되는 것도 있다고 들었습니다. 그럴 때는 어떻게 해야 할까요?

 프로젝트 폴더 안에 .gitignore라는 파일을 만들고 그 안에 깃으로 관리하지 않을 폴더나 파일을 지정하면 돼요. 지정된 폴더나 파일은 깃에서 관리되지 않으니까 깃허브에 업로드되지 않아요.

 예를 들어 어떤 것을 깃허브에 업로드하면 안 되나요?

 지금까지 학습한 node_modules 폴더나 로그와 관련된 것, 빌드 과정에서 만들어지는 폴더 등이 있어요. 이력 정보도 신경 써야 하는데 AWS의 액세스 키 등을 잘못 업로드했다가 수백만 원의 비용이 청구되었다는 이야기도 있으니 주의합시다!

 그렇군요. 덮어놓고 깃허브에 업로드되지 않도록 주의!

1.4 ECMAScript

자바스크립트는 구글 크롬Google Chrome이나 마이크로소프트 에지Microsoft Edge 같은 브라우저에서 동작하는 언어입니다. 지금은 전 세계가 자바스크립트를 사용하고 있기 때문에 마음대로 기능을 추가해서는 안 되므로 ECMAScript라 불리는 자바스크립트 표준 사양이 정해졌습니다(ECMA는 European Computer Manufacturers Association, 유럽 컴퓨터 제조 연합의 약자). ECMAScript를 알기 위해서는 자바스크립트의 역사를 알아야 하므로 간단히 설명하겠습니다.

자바스크립트의 역사

자바스크립트는 넷스케이프Netscape가 개발했습니다. 사실 처음 이름은 자바스크립트가 아니라 라이브스크립트LiveScript였습니다. 당시 썬 마이크로시스템즈Sun Microsystems(현 오라클Oracle)가 개발하던 자바Java가 큰 인기를 얻었고 그 영향을 받아 1995년에 자바스크립트라는 이름으로 바뀌었습니다(넷스케이프와 썬 마이크로시스템즈는 당시 제휴 관계였음).

이후 마이크로소프트가 J스크립트JScript라는 비슷한 언어를 개발해 IEInternet Explorer에 탑재하였습니다. 그러나 넷스케이프의 자바스크립트와 사양이 달라 매우 번거로운 상황이 되었습니다. 결국 국제 단체인 ECMA 인터내셔널에 자바스크립트 핵심 사양에 관한 표준화를 의뢰하게 되었고 그 결과 ECMAScript라는 표준 사양이 만들어졌습니다. 브라우저별로 확장되었지만 ECMAScript를 기반으로 함으로써 호환성이 향상되었고 현재는 1년에 한 번씩 ECMAScript를 업데이트하고 있습니다.

ECMAScript 명칭

ECMAScript는 ECMAScript 1st edition에서 시작해 개정될 때마다 2nd, 3rd와 같이 버전이 높아졌습니다. 이를 ES2, ES3 등으로 부릅니다. 2015년부터 '표준 사양은 1년에 한 번 업데이트한다'는 결정이 내려졌고 당시 최신 버전은 ES6이었지만 ES2015와 같이 양력 연도를 붙이는 방법을 일반적으로 사용하게 되었습니다.

- ES6 = ES2015
- ES7 = ES2016

이런 관계를 모르면 자칫 혼란에 빠지기 쉽습니다. 앞으로는 연도를 붙이는 방법을 사용하는 것이 좋습니다.

근대 자바스크립트 전환기

근대 자바스크립트의 전환기라고 불릴 만큼 ECMAScript가 크게 개정된 버전은 ES2015 (ES6)입니다. 2015년에 기능이 대거 추가되며 리액트 등 모던 자바스크립트 개발에 필수라 할 수 있는 문법이나 기능이 더해졌습니다. 다음은 추가된 사양의 일부 예입니다.

- let, const를 사용한 변수 선언

- 화살표 함수
- Class 구문
- 분할 대입
- 템플릿 문자열
- 스프레드 구문
- Promise
- 기타

먼저 이 기능들을 살펴보는 것이 리액트 학습에 중요한 첫걸음이 됩니다. 이에 관해서는 다음 장 이후에서 설명합니다.

1.5 모듈 핸들러, 트랜스파일러

모던 자바스크립트 개발에서는 모듈 핸들러module handler와 트랜스파일러transpiler라 불리는 구조가 필수입니다.

예를 들어 리액트의 템플릿 프로젝트를 만들어주는 create-react-app을 사용하면 모듈 핸들러와 트랜스파일러를 의식하지 않고도 개발을 시작할 수 있습니다. 하지만 복잡한 프로젝트인 경우에는 설정 파일을 조작할 필요가 있으며 내부에서 어떤 구조로 작동하는지 개념을 아는 것이 매우 중요합니다.

모듈 핸들러

1.3절에서도 설명했지만 자바스크립트는 세세하게 나누어 개발하는 것이 효율적이고 생산성도 높아집니다. 단, 프로덕션 환경에서 실행할 때는 파일을 나눌 필요가 없습니다. 오히려 로딩 횟수가 늘어나 성능이 저하되기도 합니다. 그래서 개발할 때는 파일을 나누고 프로덕션용으로 빌드할 때는 파일 하나에 모으기 위해 js 파일이나 css 파일 등을 한데 합치는 모듈 핸들러가 만들어졌습니다.

앞서 자바스크립트에서는 로딩 순서에 따른 의존 관계 문제가 있고 패키지 관리자가 그것을 해결해준다고 소개했습니다. 모듈 핸들러 또한 파일을 하나로 모을 때 의존 관계를 해결해주는 고마운 존재입니다.

미리 설정 파일을 기술해두고 개발자는 아무것도 신경 쓰지 않고 개발하면 됩니다. 빌드를 실행하면 모듈 핸들러가 파일들을 모은 것이 생성되며 해당 파일을 프로덕션 환경에 반영함으로써 프로그램을 실행할 수 있습니다. 참고로 요즘은 웹팩webpack이라 불리는 모듈 핸들러가 주류입니다.

트랜스파일러

모듈 핸들러가 여러 파일을 하나로 모아준다면 트랜스파일러는 자바스크립트 표기법을 브라우저에서 실행할 수 있는 형태로 변환해줍니다.

ECMAScript에 매년 사양이 추가되는 반면 브라우저에 따라서는 아직 새로운 표기법에 대응하지 않는 경우가 있습니다. 특히 IE는 ES6 이후에서는 에러가 발생하며 전혀 동작하지 않아 개발자들을 울렸습니다. 여담이지만 2021년 5월 마이크로소프트가 2022년 6월 15일에 대부분의 OS에서 IE11 지원을 종료한다고 발표하자 개발자들은 환호성을 질렀습니다.

모처럼 새롭게 편리한 기능이 추가되었는데 작동하지 않는 브라우저가 있어서 그 기능을 쓰지 못하는 것은 대단히 아까운 일입니다. 트랜스파일러를 사용하면 새로운 표기법으로 작성된 자바스크립트를 오래된 표기법(여러 브라우저에서 실행할 수 있는 형태)으로 변환할 수 있습니다. 이외에도 리액트는 js 파일에 JSX 표기법이라 부르는 특수한 규칙을 따르는 작성 방법으로 코드를 기술합니다. 이런 코드 또한 브라우저가 인식할 수 있는 형태로 자동 변환됩니다. 덧붙여 현재는 바벨Babel이라 불리는 트랜스파일러가 주류입니다.

모듈 핸들러, 트랜스파일러 정리

모듈 핸들러와 트랜스파일러를 소개했습니다. 이 둘의 공통적인 목적은 다음과 같습니다.

높은 효율로 개발하고 실행 시 적절하게 변환한다.

앞에서도 언급한 것처럼 최근에는 프레임워크나 라이브러리 측에서 이런 부분을 은폐해서 귀찮은 부분을 해결해주므로 입문자는 애초에 이런 구조로 작동하고 있다는 것 자체를 모를 수도 있습니다. 물론 처음부터 이와 관련된 설정 파일 작성법이나 환경을 직접 만들 필요는 전혀 없습니다. 하지만 우선 개념적으로 모듈 핸들러와 트랜스파일러의 동작을 이해해두는 것이 좋습니다.

개발 체험을 한층 높인 '비트'

앞서 웹팩과 바벨을 소개했지만 향후 프런트엔드 빌드 도구의 주류가 될 것으로 보는 비트^{Vite}도 있습니다. 비트는 Vue.js를 개발한 에반 유^{Evan You}를 중심으로 개발하고 있으며 웹팩을 사용해서 개발하는 것보다 속도가 압도적으로 빨라 화제가 되었습니다. 깃허브 저장소의 스타^{Star} 수도 30,000을 훌쩍 뛰어넘을 정도로 많은 주목을 받고 있습니다.

웹팩을 사용해 프런트엔드 개발을 하는 경우 코드에 무언가 변경이 발생하면 서버를 다시 기동하지 않아도 다시 번들이 실행되고 업데이트 내용이 브라우저에 반영됩니다. 이는 사용자에게 매우 좋은 개발 경험을 제공하지만 프로젝트 규모가 커짐에 따라 번들로 묶는 시간이 늘어나는 문제가 발생하게 되었습니다. 반면에 비트는 개발 환경에 따라 소스 코드를 번들하지 않고 빠르게 실행해줍니다.

개발 서버를 기동하는 속도도 매우 빠르고 리액트에서 실행한 비교 동영상도 있으므로 궁금하다면 찾아보기 바랍니다. 이렇게 계속해서 새로운 기술이 등장하고 이를 확인하고 도입하는 것 또한 프런트엔드 개발의 매력입니다.

1.6 SPA와 기존 웹 시스템의 차이

리액트를 비롯한 모던 자바스크립트 웹 시스템은 SPA^{Single Page Application}로 작성됩니다. SPA에서는 기본적으로 HTML 파일은 하나만 사용하고 자바스크립트를 이용해 화면을 전환함으로써 화면 이동 등의 동작을 표현합니다. 이러한 SPA와 기존 웹 시스템의 차이가 무엇인지 아는 것은 중요합니다.

기존 웹 시스템

어떤 홈페이지를 사용자가 열람하는 경우를 예로 들어 생각해봅시다(그림 1-4). 설명을 위해 매우 간단하게 표현했으며 왼쪽은 페이지를 열람하는 사용자, 오른쪽은 요청을 받는 서버입니다.

그림 1-4 기존 웹 시스템

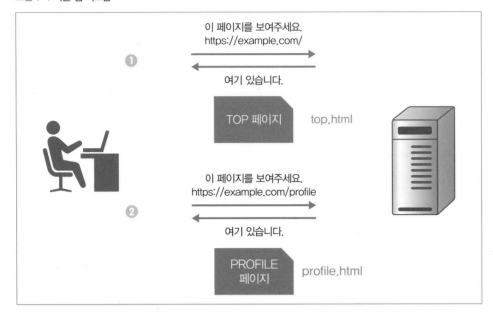

① 먼저 사용자가 '이 페이지를 보여주세요'라고 TOP 페이지에 접근하면 서버 측은 요청을 받아서 일치하는 페이지의 HTML 파일을 반환합니다.

② 이후 링크를 클릭해서 PROFILE 페이지를 열람할 때는 ①번과 같이 서버 측에 '이 페이지를 보여주세요'라는 요청을 전송하고, 서버 측에서는 요청과 일치하는 HTML 파일을 반환합니다.

기존 웹 시스템에서는 페이지를 이동할 때마다 서버에 요청을 전송하고 서버 측에서 HTML 파일을 반환하기 때문에 페이지 이동 시 화면이 잠깐 하얗게 보이는 것이 특징입니다.

SPA 웹 시스템

그럼 SPA 웹 시스템에서는 어떻게 작동하는지 같은 상황으로 알아봅시다(그림 1-5).

그림 1-5 SPA를 사용한 웹 시스템

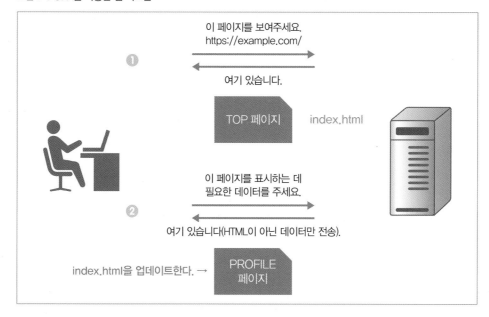

① 먼저 사용자가 '이 페이지를 보여주세요'라고 TOP 페이지에 접근하면 서버 측이 요청을 받아 일치하는 페이지의 HTML 파일을 반환합니다. 이 부분은 기존 웹 시스템과 같습니다.

② 그런 다음 PROFILE 페이지를 표시하기 위해 필요한 데이터가 있을 때는 '필요한 데이터를 주세요'라는 요청을 서버로 전송합니다. 그러나 HTML 전체를 변경하는 것이 아니라 자바스크립트로 DOM을 바꿔 써서 화면을 업데이트하고 얻은 데이터를 화면에 반영해 페이지 이동을 구현합니다.

HTML 파일 요청과 달리 비동기적 실행을 통해 데이터를 얻습니다(백그라운드로 데이터를 얻으므로 사용자는 조작을 계속할 수 있음). 따라서 페이지 이동 시 화면이 하얗게 변하지 않으며 스트레스 없이 쾌적하게 페이지를 열람할 수 있습니다.

SPA에서는 HTML 파일이 하나이며 자바스크립트를 사용해 DOM을 바꿔 써서 화면 이동을 구현하는 것이 기본임을 기억하기 바랍니다.

SPA의 장점

SPA를 사용해 얻을 수 있는 주요한 장점은 다음과 같습니다.

| 사용자 경험 향상 |

앞에서 설명한 것처럼 SPA를 사용하면 페이지 이동 시 화면이 하얗게 변하지 않습니다. 사이트 안에서 페이지를 이동할 때마다 화면이 하얗게 변하면 사용자에게 상상 이상의 스트레스를 주게 됩니다. 또 SPA는 서버 측에 요청을 보내지 않고 페이지 이동을 완료할 수 있어 화면 표시 속도가 향상되는 것 또한 장점입니다.

페이지 표시 속도는 생각보다 매우 중요합니다. 특히 온라인 쇼핑 사이트 등에서는 매출과 직결되는 문제입니다. '표시 속도가 0.1초 느려질 때마다 매출이 1% 감소하고 1초 빨라질 때마다 10% 증가한다'는 말이 있을 정도입니다.

| 컴포넌트 분리가 쉬워져 개발 효율 향상 |

컴포넌트 분리는 5장 이후에 자세히 설명하므로 지금은 이해하지 못해도 괜찮습니다. SPA는 개발자 입장에서도 장점이 있습니다. 각 페이지마다 HTML 파일을 준비해야 하는 기존 웹 시스템과 달리 리액트 등 모던 자바스크립트로 개발할 때는 화면의 각 요소를 컴포넌트로 정의해서 재사용합니다.

대부분의 웹 시스템에서는 버튼이나 텍스트 필드, 리스트나 메시지 표시 같은 요소를 동일한 디자인으로 다양한 화면에서 사용합니다. 이들을 각각 부품으로 정의해 여러 화면에 적용하면, 어떤 버튼의 디자인을 전체적으로 변경하고 싶을 경우 컴포넌트 하나를 수정함으로써 전체에 변경 내용을 적용할 수 있습니다. 이 부분은 뒤에서 실제 코드도 소개하므로 이어지는 내용을 기대해주세요.

이렇게 사용자, 개발자 모두에게 도움이 되기 때문에 모던 자바스크립트 개발에서는 SPA를 표준으로 사용합니다.

선배님! 프런트엔드 개발자는 자바스크립트만 알고 있으면 될까요?

 미안하지만 그렇지 않아요. 프런트엔드에 특화되어 있으면서도 백엔드나 데이터베이스에 관한 지식도 가지고 있어야 해요.

 왜 그래야 하나요?

 먼저, 프런트엔드만 할 수 있는 것보다 태스크에 따라 백엔드도 함께 대응할 줄 아는 것이 팀에 도움이 되기 때문이죠. 그러면서 시장에서의 내 가치도 높일 수 있다는 점이 첫 번째 이유예요. 그리고 데이터를 어디에서 변환하고, 어디에 어떻게 연결하는 것이 좋은지에 대한 고민처럼 애플리케이션 전체를 보고 설계하기 위해서는 일관된 지식이 없으면 판단하기 어려워요.

 확실히 프런트엔드밖에 모른다고 하면 팀 대화에 끼기 어렵겠네요.

 그렇다고 하더라도 갑자기 전부 이해하는 것도 무리니까요. 누시다 씨는 먼저 프런트엔드를 학습한 뒤에 백엔드나 데이터베이스를 익히는 게 좋을 거예요. 처음부터 모든 것을 할 수 있는 사람은 없어요!

1.7　정리

- 모던 자바스크립트는 배울 가치가 있다.
- 리액트 등 모던 자바스크립트 프레임워크/라이브러리에는 가상 DOM이라는 기술이 적용되어 있다.
- 패키지 관리자(npm 또는 yarn)를 사용해 개발 효율을 높인다.
- ECMAScript는 자바스크립트 표준 사양이며 1년에 한 번씩 업데이트된다.
- 모듈 핸들러는 개발 시 나눈 파일들을 하나로 모은다.
- 트랜스파일러는 자바스크립트를 다양한 브라우저에서 동작하는 표기법으로 변환한다.
- SPA에서는 하나의 html 파일에 자바스크립트를 사용해 DOM을 업데이트하여 사용자 경험을 향상시킬 수 있다.

모던 자바스크립트
기능 익히기

리액트는 자바스크립트를 다양하게 이용해서 개
발합니다. 먼저 리액트에서 자주 쓰이는 자바스크
립트 기능을 중심으로 익힌 뒤 리액트를 배워보겠
습니다.

모던 자바스크립트의 개념에 관한 건 대부분 이해했죠?

 네, 지금까지 아무것도 모른 채로 공부했다는 것을 알았습니다. 이렇게 작성하면 이렇게 작동한다는 정도밖에 몰랐었네요.

 처음은 다 그래요! 그래서 선배가 있는 거죠!

여신님은 오늘도 변함이 없다.

 하지만 웹팩, 바벨의 구조나 가상 DOM에 관해서는 아직 잘 모르겠습니다. 지식이 부족하다는 불안감이 있어요.

 그 정도는 괜찮아요. 먼저 '개념'을 이해하고 그것을 '체험'하다 보면 자연히 이해할 수 있을 거예요!

우선 '개념'을 이해하고 손을 움직이며 '체험'한다. 이 사고 방식은 마음에 깊이 새겨졌고 동시에 마음이 편안해졌다. 지금까지 나는 책의 한 글자라도 놓치면 안심이 되지 않았다. 결국 너무 많은 내용에 압도되어 아무것도 기억하지 못하고 결과 역시 좋지 않았다. 대략적으로 개념을 우선 파악한 다음 손을 움직이면서 세부적인 지식을 보완하는 방법을 선배에게 배웠다.

 감사합니다. 다음에 배울 것은 리액트의 개념인가요?

 아쉽지만 아직 리액트를 배우기엔 일러요. 다음은 비교적 모던한 자바스크립트의 표기법이나 리액트 개발에서 자주 이용하는 표기법을 학습하는 게 좋아요.

 표기법 말이군요. 제이쿼리를 이용해 화면 개발을 하고 있어서 대략 이해하고 있다고 생각했는데요.

그럼 누시다 씨, 변수 선언 종류나 특징, 템플릿 문자열, 화살표 함수, 분할 대입, 스프레드 구문, map이나 filter에 관해 설명해줄래요?

 음...(스프... 뭐라고? 전혀 들어본 적 없는 용어들뿐이야...)

 자자, 이 선배를 믿고 정리한 자료를 읽어보세요. 이 내용을 공부했냐 아니냐에 따라 리액트 학습 난이도에 큰 차이가 있거든요!

 네! 자료 고맙습니다! 하루 만에 끝낼게요!

나는 모던한 자바스크립트 표기법이나 규칙에 관해 먼저 학습하기로 했다. 사키오카 선배 말처럼 이 내용들은 나중에 리액트로 개발할 때 많은 도움이 될 것 같다. 나는 잠시라도 '자바스크립트를 알고 있다'라고 생각했던 것에 부끄러움을 느끼면서 선배에게 받은 자료를 읽기 시작했다.

2.1 const, let을 이용한 변수 선언

이번 장에서는 변수 선언을 알아봅니다. 변수 선언은 프로그램을 작성하는 데 꼭 필요한 지식입니다. 실제로 PC에서 실행하고 확인하면서 지식을 익혀봅시다.

var를 이용한 변수 선언의 문제점

기존의 자바스크립트에서는 var를 이용해 변수를 선언했습니다.

서식 var를 이용한 변수 선언

```
var val1 = "var 변수";
```

그러나 var로 변수를 선언하는 것은 몇 가지 문제점이 있어 모던 자바스크립트 개발에서는 거의 이용되지 않습니다. 그 문제점이란 변수를 덮어 쓸 수 있다는 점과 다시 선언(재선언)할 수 있다는 점입니다. 다음은 var로 선언한 변수를 덮어 쓰거나 재선언하는 예입니다.

변수 덮어 쓰기 및 재선언
```
var val1 = "var 변수";
console.log(val1); // var 변수

// var 변수는 덮어 쓰기 가능
val1 = "var 변수 덮어 쓰기";
console.log(val1); // var 변수 덮어 쓰기

// var 변수는 재선언 가능
var val1 = "var 변수를 재선언";
console.log(val1); // var 변수 재선언
```

이 코드는 에러 없이 실행됩니다.

| 덮어 쓰기 가능 |

한 번 정의한 변수에 다른 값을 대입할 수 있습니다. 덮어 쓰고 싶을 때도 많지만 프로그램을 작성하다 보면 덮어 쓰고 싶지 않을 때도 많기 때문에 무조건 덮어 쓰는 것은 좋지 않습니다.

| 재선언 가능 |

완전히 같은 변수명을 여러 위치에서 변수로 정의할 수 있습니다. 프로그램 실행 순서에 따라 어느 변수가 사용되는지 해석하기 어려우므로 재선언은 기본적으로 안 되는 편이 좋습니다.

변수 선언에 var만 사용할 경우 프로젝트 규모가 커짐에 따라 의도치 않은 시점에 변수를 덮어 쓰거나 재선언하는 등의 문제가 발생합니다. 그래서 ES2015에서는 새로운 변수 선언 방법으로 const와 let이 추가되었습니다.

let을 이용한 변수 선언

let으로는 재선언을 할 수 없습니다. 단, let은 변수를 덮어 쓸 수는 있습니다. 다음은 let으로 선언한 변수를 덮어 쓰는 예입니다.

🖥 **let으로 변수 덮어 쓰기**

```
let val2 = "let 변수";
console.log(val2); // let 변수

// let은 덮어 쓰기 가능
val2 = "let 변수 덮어 쓰기";
console.log(val2); // let 변수 덮어 쓰기
```

var와 마찬가지로 특별한 에러 없이 변숫값을 덮어 쓸 수 있습니다. 선언문을 실행해봅니다.

🖥 **재선언 실행**

```
let val2 = "let 변수";
console.log(val2); // let 변수

// let은 재선언 불가능
let val2 = "let 변수 재선언"; // 에러
```

재선언을 하면 에러가 발생하며 다음 메시지가 출력됩니다.

출력 결과

```
Identifier 'val2' has already been declared
```

'이미 선언되어 재선언할 수 없다'는 메시지입니다. 이렇게 let은 var를 이용했을 때 문제가 되었던 재선언을 개선한 변수 정의 방법입니다. 덮어 쓰기를 허가할 변수는 let을 이용해야 합니다.

const를 이용한 변수 선언

const는 재선언, 덮어 쓰기가 모두 불가능한 가장 엄격한 변수 선언 방법입니다. constant= 상수라는 의미에서 이런 이름이 되었습니다. 다음은 const로 정의한 변수를 덮어 쓰려고 할 때의 예입니다.

const를 이용해 정의한 변수 덮어 쓰기

```
const val3 = "const 변수";
console.log(val3); // const 변수

// const 변수는 덮어 쓰기 불가능
val3 = "const 변수 덮어 쓰기"; // 에러
```

덮어 쓰기를 하면 에러가 발생하고 다음과 같은 메시지가 나타납니다.

출력 결과

```
Assignment to constant variable.
```

또는 다음과 같이 나타날 수도 있습니다.

출력 결과

```
val3 is read-only
```

이렇게 const를 이용한 변수 선언은 덮어 쓰기를 사전에 감지해서 알려주기 때문에 '실수로 덮어 쓰는' 사태를 피할 수 있습니다. 물론 let과 마찬가지로 재선언을 해도 에러가 발생합니다.

📺 **const에서의 재선언**

```
const val3 = "const 변수";
console.log(val3); // const 변수

// const 변수는 재선언 불가능
const val3 = "const 변수 재선언"; // 에러
```

출력 결과

```
Identifier 'val3' has already been declared
```

지금까지 확인한 것처럼 const로 변수를 선언하면 기본적으로 변수 덮어 쓰기, 재선언 모두 불가능합니다. 그러나 변수 종류에 따라 const로 정의해도 변숫값을 변경할 수 있는 경우가 있으므로 주의해야 합니다. 다음으로 const로 정의한 변수를 변경할 수 있는 예를 설명하겠습니다.

const로 정의한 변수를 변경할 수 있는 예

문자열이나 수치 등 프리미티브 타입primitive type이라 불리는 종류의 데이터는 const를 이용해 정의한 경우 덮어 쓸 수 없습니다. 하지만 객체나 배열 등 오브젝트 타입object type이라 불리는 데이터들은 const로 정의해도 도중에 값을 변경할 수 있습니다. 프리미티브 타입과 오브젝트 타입에 관해서는 [그림 2-1]을 참고하기 바랍니다.

그림 2-1 프리미티브 타입과 오브젝트 타입

프리미티브 타입
- 논릿값(Boolean): true/false
- 수치(Number): 1, 2.5
- 큰 수치(BigInt): 9007199254740992n
- 문자열(String): "Nushida", '사키오카'
- undefined: 미정의
- null: 값 없음
- Symbol: 유일하며 바꿀 수 없는 값

오브젝트 타입
- 객체
- 배열
- 함수
  등 프리미티브 타입 이외의 것

그럼 실제로 확인해봅니다. 다음은 const를 이용해 정의한 객체의 속성값을 변경, 추가하는
예입니다.

객체 속성값 변경 및 추가

```javascript
// 객체 정의
const obj1 = {
  name: "누시다",
  age: 24,
};
console.log(obj1); // {name: "누시다", age: 24}

// 속성값 변경
obj1.name = "Nushida";
console.log(obj1); // {name: "Nushida", age: 24}

// 속성 추가
obj1.address = "Tokyo";
console.log(obj1); // {name: "Nushida", age: 24, address: "Tokyo"}
```

const로 정의해도 객체 내용은 자유롭게 변경할 수 있다는 점을 기억하기 바랍니다. 즉, 객체
를 정의할 때는 기본적으로 const를 이용합니다. 다음은 const를 이용해 정의한 배열값을 변
경, 추가하는 예입니다.

배열값 변경, 추가

```javascript
// 배열 정의
const arr1 = ["dog", "cat"];
console.log(arr1); // ["dog", "cat"]

// 첫 번째 값 변경
arr1[0] = "bird";
console.log(arr1); // ["bird", "cat"]

// 값 추가
arr1.push("monkey");
console.log(arr1); // ["bird", "cat", "monkey"]
```

배열도 마찬가지로 const를 이용해 정의했어도 값은 자유롭게 변경할 수 있습니다. 따라서 배
열 역시 기본적으로 const를 이용해 정의합니다.

리액트 개발에서 이용하는 변수 선언

앞서 var, let, const를 소개했습니다. 리액트 개발에서는 이 중 const를 가장 많이 이용합니다. 앞에서 확인한 것처럼 객체나 배열은 const로 선언해도 속성을 변경할 수 있습니다. 그리고 4.6절에서 소개할 것이지만 리액트 개발에서 동적으로 바뀌는 값은 State라는 다른 개념으로 값을 관리합니다.

그래서 대부분은 const를 이용하고, State로 관리하지 않으면서 처리 도중 값을 덮어 써야 하는 변수만 let으로 선언합니다. 자세한 내용은 이후에 코드와 함께 배울 것이니 지금은 기초 지식 정도로만 기억해둡시다.

2.2 템플릿 문자열

템플릿 문자열은 문자열 안에서 변수를 전개하기 위한 새로운 표기법입니다. 예를 들어 기존의 작성법에서는 문자열과 변수를 결합할 때 다음과 같이 +를 이용했습니다.

기존의 문자열과 변수 결합 방법

```
// 이름을 저장한 변수
const name = "누시다";

// 나이를 저장한 변수
const age = 24;

// '내 이름은 누시다입니다. 나이는 24세입니다.'라고 표시하는 경우
const message = "내 이름은 " + name + "입니다. 나이는 " + age + "세입니다.";

console.log(message); // 내 이름은 누시다입니다. 나이는 24세입니다.
```

이 경우 문자열을 결합할 때마다 +를 입력해야 하기 때문에 읽기 힘들고 작성하는 것도 귀찮다는 문제가 있었습니다. ES2015 이후부터는 템플릿 문자열을 이용해 다음과 같이 더욱 편리하게 입력할 수 있게 되었습니다.

📺 템플릿 문자열 이용

```
// 이름을 저장한 변수
const name = "누시다";

// 나이를 저장한 변수
const age = 24;

// '내 이름은 누시다입니다. 나이는 24세입니다.'라고 표시하는 경우
const message = `내 이름은 ${name}입니다. 나이는 ${age}세입니다.`;

console.log(message); // 내 이름은 누시다입니다. 나이는 24세입니다.
```

템플릿 문자열을 이용하는 경우에는 `(역따옴표 또는 백쿼트backquote)로 문자열을 감쌉니다. 역따옴표로 감싼 경우 일반적인 '(작은따옴표single quote)나 "(큰따옴표double quote)와 달리 ${ }(달러 기호와 중괄호)로 감싼 부분 안쪽은 자바스크립트로 입력할 수 있습니다. 따라서 앞의 예와 같이 ${name}으로 문자열 안에서 간단하게 변수를 전개할 수 있습니다.

많이 사용하지 않을 수도 있지만 자바스크립트를 작성할 줄 알면 다음과 같이 변수를 실행하거나 계산식을 넣을 수도 있습니다.

📺 함수 호출과 계산 실행

```
// '안녕하세요!'를 반환하는 함수
function sayHello( ) {
  return "안녕하세요!";
}

// 월을 나타내는 숫자를 저장한 변수
const month = 1;

// 테플릿 문자열 안에서의 함수 호출 및 곱셈 실행
const message = `여러분 ${sayHello( )}! 오늘부터 ${month * 3}월입니다!`;

console.log(message); // 여러분 안녕하세요! 오늘부터 3월입니다!
```

이렇게 문자열 안에서 자바스크립트의 값을 다룰 때는 템플릿 문자열을 이용하는 것이 좋습니다.

2.3 화살표 함수 ( ) => { }

화살표 함수$^{arrow\ function}$는 ES2015에서 추가된 새로운 함수 표기법입니다. 기존보다 간단하게 함수를 기술할 수 있습니다. 작성 방법 이외에도 몇 가지 세세한 차이가 있지만 이 책에서는 표기법을 중점적으로 설명합니다.

기존 함수

먼저 기존 함수를 실행해봅니다. 다음은 인수로 전달받은 값을 그대로 반환하는 함수를 실행해 콘솔에 결과를 출력하는 예입니다.

📋 **기존 함수(사용 예 ①)**
```javascript
// 기존 함수 정의
function func1(value) {
  return value;
}

// 실행한 결과 출력
console.log(func1("func1입니다")); // func1입니다
```

이와 같이 기존에는 자바스크립트로 함수를 정의하는 경우 function 뒤에 함수명과 인수, 처리 내용을 입력했습니다. 또는 다음과 같이 선언한 함수를 변수에 저장한 뒤 실행할 수도 있습니다.

📋 **기존 함수(사용 예 ②)**
```javascript
// 함수를 정의하고 변수에 저장
const func1 = function (value) {
  return value;
};

// 실행한 결과를 출력
console.log(func1("func1입니다")); // func1입니다
```

결과는 동일하며 두 경우 모두 function을 선언으로 이용해 함수를 정의해서 실행했습니다.

화살표 함수

새로운 함수 정의 방법인 화살표 함수에서는 function을 이용하지 않고 다음과 같이 함수를 선언할 수 있습니다.

📺 **화살표 함수**

```
// 화살표 함수 정의
const func2 = (value) => {
  return value;
};

// 실행 결과 출력
console.log(func2("func2입니다")); // func2입니다
```

function이라는 선언은 없습니다. ( ) 안에 인수를 입력하고 '화살표 함수'라는 이름의 유래이기도 한 =>라는 기호(화살표로 보임)로 함수를 작성합니다. 이후 중괄호에서 처리를 입력하는 부분은 같습니다.

이렇게 간략하게 함수를 작성할 수 있지만 익숙해지기 전까지는 의외로 읽기 어려울 수도 있습니다. 우선 =>가 있다면 '아, 함수구나'하는 정도로 생각해도 충분합니다.

화살표 함수 작성 시 주의점

화살표 함수를 작성할 때는 특수한 생략 표기법을 몇 가지 활용할 수 있습니다. 첫 번째, 인수가 한 개인 경우에는 소괄호 생략이 가능합니다. 다음 예를 확인해봅니다.

📺 **화살표 함수 생략 표기법**

```
// 화살표 함수 정의(인수가 한 개이므로 소괄호 생략)
const func2 = value => {
  return value;
};

// 실행 결과 출력
console.log(func2("func2입니다")); // func2입니다
```

이와 같이 인수의 소괄호를 생략해도 정상적으로 실행됩니다. 실제 프로젝트에서는 코드 형태

정리 도구인 Prettier 등을 이용해 한쪽으로 규칙을 통일하는 것이 일반적이지만 양쪽 모두 사용할 수 있다는 점은 기억해둡시다. 인수가 두 개 이상인 경우에는 소괄호를 생략할 수 없습니다.

인수가 두 개 이상인 경우

```
// 인수가 두 개 이상이면 에러
const func3 = value1, value2 => {
  return value1 + value2;
};

// 인수가 두 개 이상이면 소괄호로 감싼다.
const func3 = (value1, value2) => {
  return value1 + value2;
};
```

두 번째, 처리를 한 행으로 반환하는 경우 중괄호와 return을 생략할 수 있습니다. 다음 예를 확인해봅니다.

return 생략

```
// 처리를 한 행으로 반환하므로 {} 생략
const func4 = (num1, num2) => num1 + num2;

// 실행 결과 출력
console.log(func4(10, 20)); // 30
```

위와 같이 한 행으로 함수를 기술할 수 있습니다. 이 방법은 규칙을 모르면 코드의 의미를 알 수 없을 것입니다. 간혹 착각해서 다음과 같이 중괄호로 감싼 뒤 return을 생략하기도 하지만 실제로는 값이 반환되지 않으므로 주의해야 합니다.

잘못된 return 생략

```
// {}로 감쌌지만 return을 이용하지 않았다.
const func4 = (num1, num2) => {
  num1 + num2;
}

// 실행 결과 출력(아무것도 반환되지 않는다.)
console.log(func4(10, 20)); // undefined
```

그리고 반환값이 여러 행일 경우에는 ( )로 감싼 뒤 단일 행과 같이 모아서 반환할 수 있습니다. 코드는 다음과 같습니다.

 ( )를 이용해 한 행으로 모으기

```javascript
// 괄호로 감싸서 모은 뒤 생략해서 반환
const func5 = (val1, val2) => (
  {
    name: val1,
    age: val2,
  }
)

// 실행 결과 출력
console.log(func5("누시다", 24)); // {name: "누시다", age: 24}
```

이 작성 방법은 리액트를 다룰 때 자주 사용합니다. 지금은 이 코드를 보는 즉시 의미를 알 수 있도록 익혀둡시다.

 도와주세요 선배님!

Prettier가 뭔가요?

Prettier는 코드 형태 정리 규칙을 통일해줘요. 여기 예로 든 사항을 팀에서 통일할 수 있어요.

- 화살표 함수의 인수처럼 소괄호를 붙이거나 붙이지 않아도 동작하는 코드의 경우 한 쪽을 선택
- 한 행에 입력할 수 있는 문자 수 제한(100문자 이상이 되면 강제로 줄바꿈을 하는 등)
- 문장 끝에 세미콜론이나 콤마 입력 여부(자바스크립트는 세미콜론, 콤마 상관없이 작동하는 경우가 많음)

 이 밖에도 다양한 규칙이 디폴트로 설정되어 있기 때문에 프로젝트에 맞춰 원하는 대로 설정할 수도 있어요. 명령어로 포맷을 실행할 수도 있고, 편집기에 설정하면 코드를 저장할 때 자동으로 포맷을 맞춰 주기도 하여 다양한 현장에서 이용하고 있으니 꼭 확인해보세요!

2.4 분할 대입 { } [ ]

분할 대입은 객체나 배열로부터 값을 추출하기 위한 방법입니다. 먼저 분할 대입을 이용하지 않고 처리를 어떻게 작성할 수 있는지 확인해봅니다. 저장한 객체로부터 프로필 정보를 다음과 같은(2.2절에서 확인한 것과 동일) 문자열로 출력하는 경우가 있다고 가정합니다.

분할 대입을 이용하지 않고 문자열을 출력

```javascript
const myProfile = {
  name: "누시다",
  age: 24,
};

const message = `내 이름은 ${myProfile.name}입니다. 나이는 ${myProfile.age}세입니다.`;
console.log(message); // 내 이름은 누시다입니다. 나이는 24세입니다.
```

이 정도는 괜찮지만 객체 속성 수가 많아지거나, 객체 변수명이 더 길어지면 매번 myProfile.~이라고 입력하기가 매우 번거롭습니다. 이런 경우에 분할 대입을 이용합니다.

객체 분할 대입

분할 대입을 이용하면 앞의 처리를 다음과 같이 작성할 수 있습니다.

분할 대입 이용

```javascript
const myProfile = {
  name: "누시다",
  age: 24
};

// 객체 분할 대입
const { name, age } = myProfile;

const message = `내 이름은 ${name}입니다. 나이는 ${age}세입니다.`;
console.log(message); // 내 이름은 누시다입니다. 나이는 24세입니다.
```

{ }를 변수 선언부에 이용하면 객체 안에서 일치하는 속성을 추출할 수 있습니다. 존재하지 않는 속성명은 지정할 수 없습니다. 이름이 일치한다면 일부만 추출하거나 순서가 달라도 됩니다.

📺 **일부만 추출**

```
// 일부만 추출한다.
const { age } = myProfile;
```

📺 **순서를 바꾸어 추출**

```
// 순서는 관계없다.
const { age, name } = myProfile;
```

추출한 속성에 별명을 붙이고 싶을 때는 다음과 같이 : (콜론)을 이용해서 해당 변수명으로 이용할 수도 있습니다.

📺 **추출한 속성에 별명 지정**

```
const myProfile = {
  name: "누시다",
  age: 24
};

// 콜론으로 다른 변수명을 이용
const { name: newName, age: newAge } = myProfile;

const message = `내 이름은 ${newName}입니다. 나이는 ${newAge}세입니다.`;
console.log(message); // 내 이름은 누시다입니다. 나이는 24세입니다.
```

객체 안의 값을 차례로 사용한다면 분할 대입보다 간단하게 기술할 수는 없는지 생각해보는 것이 좋습니다.

배열 분할 대입

객체와 마찬가지로 배열에도 분할 대입을 이용할 수 있습니다. 이번에도 먼저 일반적인 방법을 확인해봅니다.

배열 인덱스를 지정해서 대입

```
const myProfile = ["누시다", 24];

const message = `내 이름은 ${myProfile[0]}입니다. 나이는 ${myProfile[1]}세입니다.`;
console.log(message); // 내 이름은 누시다입니다. 나이는 24세입니다.
```

이 예에서는 배열의 각 요소에 인덱스로 접속해 값을 표시했습니다. 여기에도 분할 대입을 이용해 동일한 처리를 다음과 같이 작성할 수 있습니다.

배열에 분할 대입

```
const myProfile = ["누시다", 24];

// 배열 분할 대입
const [name, age] = myProfile;

const message = `내 이름은 ${name}입니다. 나이는 ${age}세입니다.`;
console.log(message); // 내 이름은 누시다입니다. 나이는 24세입니다.
```

배열에 분할 대입을 할 때는 변수 선언부에 []를 사용하여 배열에 저장된 순서에 임의의 변수명을 설정해 추출할 수 있습니다. 객체와 달리 순서를 변경할 수 없으며 직접 임의로 설정한 변수명을 이용하게 됩니다. 인덱스 중간까지만 필요한 경우 등에는 이후 요소를 생략할 수 있습니다.

배열에서 필요한 요소만 추출

```
// 첫 번째만 필요한 경우
const [name] = myProfile;
```

이렇게 분할 대입을 쓰면 요소를 효율적으로 추출할 수 있습니다. 간단한 기능이지만 리액트 개발에서 매우 자주 이용하므로 꼭 기억해두기 바랍니다. 객체와 배열의 규칙이 미묘하게 다른 점도 주의하세요.

디폴트값 =

디폴트값은 함수의 인수나 객체를 분할 대입할 경우 설정해 사용합니다. 값이 존재하지 않을 때의 초깃값을 설정할 수 있어 처리를 더욱 안전하게 할 수 있습니다.

인수의 디폴트값

먼저 다음과 같이 이름을 받아 메시지를 표시하는 함수가 있다고 가정합니다. 지금까지 배운 것으로 독자 여러분은 다음 코드도 어렵지 않게 읽을 수 있을 것입니다.

메시지를 출력하는 함수
```
const sayHello = (name) => console.log(`${name}님, 안녕하세요!`);

sayHello("누시다"); // 누시다님, 안녕하세요!
```

전달된 이름을 설정해 콘솔에 출력할 뿐인 단순한 함수입니다. 여기에서 sayHello 함수 실행했을 때 인수가 전달되지 않은 경우에는 어떻게 해야 할까요?

실행 시 인수가 전달되지 않은 경우
```
const sayHello = (name) => console.log(`${name}님, 안녕하세요!`);

sayHello(); // undefined님, 안녕하세요!
```

'undefined님, 안녕하세요!'라고 출력됩니다. 자바스크립트에서는 값이 존재하지 않는 경우 undefined가 설정되기 때문에 예시와 같이 사용자는 의미를 알 수 없는 메시지가 출력됩니다.

그래서 디폴트값을 설정하여 인수가 전달되지 않았을 때 사용할 값을 지정합니다. 어디까지나 디폴트값이기 때문에 무언가 값이 전달되면 해당 값을 우선합니다. 다음 예를 확인해봅니다.

디폴트값 설정
```
const sayHello = (name = "게스트") => console.log(`${name}님, 안녕하세요!`);

sayHello(); // 게스트님, 안녕하세요!
sayHello("누시다"); // 누시다님, 안녕하세요!
```

인수명 뒤에 =(등호)와 함께 값을 지정하면 디폴트값을 이용할 수 있습니다. 인수를 설정하지 않고 sayHello 함수를 실행하면 앞에서는 undefined라고 표시되었지만 이제는 게스트라는 문자열로 표시되는 것을 확인할 수 있습니다. 이렇게 전달되지 않을 가능성이 있는 인수가 있을 때는 디폴트값을 효과적으로 이용할 수 있습니다.

객체 분할 대입의 디폴트값

객체 분할 대입 시에도 디폴트값을 이용할 수 있습니다. 다음과 같은 처리가 있다고 가정해봅니다.

💾 **존재하지 않는 속성을 출력**

```
// name을 삭제
const myProfile = {
  age: 24,
}

// 존재하지 않는 name
const { name } = myProfile;

const message = `${name}님, 안녕하세요!`;
console.log(message); // undefined님, 안녕하세요!
```

여기에서 분할 대입할 때 활용할 디폴트값을 설정함으로써 다음과 같이 처리할 수 있습니다.

💾 **분할 대입 시의 디폴트값을 설정**

```
const myProfile = {
  age: 24,
}

const { name = "게스트" } = myProfile;

const message = `${name}님, 안녕하세요!`;
console.log(message); // 게스트님, 안녕하세요!
```

인수와 마찬가지로 변수명 뒤에 =로 값을 설정하면 속성이 존재하지 않은 경우에 설정할 값을 지정할 수 있습니다. 객체도 물론 속성이 존재할 때는 해당 속성을 우선합니다. 디폴트값은 리액트 개발에서도 자주 이용하므로 숙지하길 바랍니다.

스프레드 구문 ...

이어서 스프레드 구문에 관해 살펴보겠습니다. 스프레드 구문은 배열이나 객체에 이용할 수 있는 표기법이며 이용 방법도 여러 가지입니다.

요소 전개

배열을 하나 준비합니다.

 배열

```
const arr1 = [1, 2];
console.log(arr1); // [1, 2]
```

스프레드 구문은 ...과 같이 점 세 개를 연결해서 씁니다. 배열에 이용함으로써 내부 요소를 순차적으로 전개할 수 있습니다.

> **서식** **스프레드 구문**
>
> ```
> const arr1 = [1, 2];
> console.log(arr1); // [1, 2]
> console.log(...arr1); // 1 2
> ```

이렇게 배열이 전개되어 1, 2라는 배열 안의 값이 결과로 출력됩니다.

조금 더 이해하기 쉬운 예를 보겠습니다. 인수 두 개의 합계를 구해서 출력하는 함수가 있을 때, 일반적인 함수와 스프레드 구문을 이용하는 방법을 비교한 것입니다.

일반적인 함수와 스프레드 구문 비교

```
const arr1 = [1, 2];

const summaryFunc = (num1, num2) => console.log(num1 + num2);

// 일반적으로 배열값을 전달하는 경우
summaryFunc(arr1[0], arr1[1]); // 3
```

```
// 스프레드 구문을 이용하는 방법
summaryFunc(...arr1); // 3
```

어떤가요? 이와 같이 배열 내부의 값을 순서대로 전개하기 위해 간략하게 기술할 수 있습니다.

요소 모으기

스프레드 구문은 요소를 모으는 데도 활용할 수 있습니다. 배열의 분할 대입을 예로 들면 이해하기 쉽습니다. 다음 코드를 확인해봅니다.

🖥 요소 모으기
```
const arr2 = [1, 2, 3, 4, 5];

// 분할 대입 시 남은 요소를 '모은다'
const [num1, num2, ...arr3] = arr2;

console.log(num1); // 1
console.log(num2); // 2
console.log(arr3); // [3, 4, 5]
```

앞에서 설명한 전개와는 사용 방법이 미묘하게 다르지만 이렇게 사용할 수도 있습니다.

요소 복사와 결합

지금까지 배운 기능을 응용해보겠습니다. 자주 이용되는 배열이나 객체의 복사, 결합에 관한 스프레드 구문을 소개합니다. 다음과 같이 배열이 두 개 있다고 가정합니다.

🖥 배열 두 개
```
const arr4 = [10, 20];
const arr5 = [30, 40];
```

arr4를 복사한 새로운 배열을 스프레드 구문으로 만드는 경우 다음과 같이 작성할 수 있습니다.

스프레드 구문을 이용해 새로운 배열 생성

```
const arr4 = [10, 20];
const arr5 = [30, 40];

// 스프레드 구문을 이용해 복사
const arr6 = [...arr4];

console.log(arr4); // [10, 20]
console.log(arr6); // [10, 20]
```

...을 이용해서 순서대로 전개해 [ ]로 감싸므로 결과적으로 새로운 배열이 만들어집니다. 이를 응용해 두 배열도 결합할 수 있습니다.

두 개의 배열 결합

```
const arr4 = [10, 20];
const arr5 = [30, 40];

// 스프레드 구문을 이용해 결합
const arr7 = [...arr4, ...arr5];

console.log(arr7); // [10, 20, 30, 40]
```

복사와 동일한 방법으로 여러 배열을 전개해서 결합하는 것도 간단하게 표현할 수 있습니다. 복사와 결합은 객체에도 활용 가능합니다.

여러 객체 결합

```
const obj4 = {val1: 10, val2: 20};
const obj5 = {val3: 30, val4: 40};

// 스프레드 구문을 이용해 복사
const obj6 = {...obj4};
// 스프레드 구문을 이용해 결합
const obj7 = {...obj4, ...obj5};

console.log(obj6); // {val1: 10, val2: 20}
console.log(obj7); // {val1: 10, val2: 20, val3: 30, val4: 40}
```

등호를 이용해서 복사하면 안 되는 이유

'굳이 스프레드 구문을 이용해 복사하지 않고 =(등호)를 이용해 복사하면 좋지 않을까?'라고 생각할 수도 있습니다. 실제로 다음과 같이 배열 등을 복사할 수 있습니다.

📺 **=를 이용한 복사**

```
const arr4 = [10, 20];

// =로 복사
const arr8 = arr4;

console.log(arr8); // [10, 20]
```

하지만 이 방법에는 문제가 있습니다. 배열이나 객체 등 '오브젝트 타입'이라 불리는 변수는 등호로 복사하면 참조값[1] 역시 상속되기 때문에 예상치 못한 동작을 일으킬 수 있습니다.

다음은 등호를 이용해 복사한 배열에 조작을 추가한 것이 원래 배열에도 영향을 준 것을 나타내는 예입니다.

📺 **복사할 때의 예상치 못한 작동**

```
const arr4 = [10, 20];

// =로 복사
const arr8 = arr4;

// arr8의 처음 요소를 100으로 덮어 씀
arr8[0] = 100;

console.log(arr4); // [100, 20]
console.log(arr8); // [100, 20]
```

이렇게 복사 후 배열에 대한 조작이 복사 전 소스의 배열에도 영향을 주게 됩니다. 그렇다면 스프레드 구문을 이용해 복사하면 어떨까요?

---

1 변수를 실제로 저장하고 있는 '위치'를 나타내는 값

📺 **스프레드 구문을 이용한 복사**

```javascript
const arr4 = [10, 20];

// 스프레드 구문을 이용해 복사
const arr8 = [...arr4];

// arr8의 처음 요소를 100으로 덮어 씀
arr8[0] = 100;

console.log(arr4); // [10, 20]
console.log(arr8); // [100, 20]
```

스프레드 구문을 사용하면 '완전히 새로운 배열'을 만들기 때문에 원래 배열에 영향을 주지 않습니다.

자세한 내용은 4장에서 설명하겠지만 리액트 개발에서는 값의 변화에 따라 화면도 변합니다. 따라서 리액트가 '완전히 새로운 배열'이라고 잘 판단할 수 있도록 배열 등을 변경할 때도 등호 대신 스프레드 구문을 사용해서 복사(새로운 배열 생성)합니다(splice 등 다른 방법으로도 구현할 수 있습니다).

2.7 객체 생략 표기법

객체 기술 방법으로서 사용 빈도가 높은 쇼트핸드shorthand(생략 표현)가 있습니다. '객체의 속성명'과 '설정할 변수명'이 같으면 생략할 수 있습니다. 다음 예를 확인해봅니다.

📺 **속성명과 변수명이 같은 경우 ①**

```javascript
const name = "누시다";
const age = 24;

// user 객체 정의(속성은 name과 age)
const user = {
  name: name,
  age: age,
};

console.log(user); // {name: "누시다", age: 24}
```

이는 가장 표준적인 작성법이며 사용자 정보(name, age)를 저장한 객체를 정의한 예입니다. 예제의 경우 속성명과 설정할 변수명이 같으므로 다음과 같이 작성할 수 있습니다.

 속성명과 변수명이 같은 경우 ②

```
const name = "누시다";
const age = 24;

// 생략 표기법
const user = {
  name,
  age,
};

console.log(user); // {name: "누시다", age: 24}
```

객체 설정에서 :(콜론) 이후를 생략하고 하나로 모을 수 있습니다. 객체 분할 대입에서 별명을 붙이는 방법의 반대 형태입니다. 이 생략 표기법도 자주 이용되므로 기억해둡시다.

도와주세요
선배님! ESLint가 뭔가요?

이번에는 ESLint라는 것을 알려줄게요. ESLint는 정적 분석 도구이며 Prettier와 함께 도입되는 경우가 많아요. 다음과 같이 코드의 여러 문제를 확인할 수 있어 매우 편리하답니다.

- var를 이용한 변수 선언 체크
- 이용하지 않은 변수 체크
- 남아 있는 console.log 체크
- 의미 없는 식 체크
- 기타

이외에도 리액트 특유의 체크 항목도 추가할 수 있고 Prettier처럼 프로젝트에 맞춰 다양하게 커스터마이즈를 할 수 있어 코드 품질 유지에 좋아요. 두 가지를 함께 도입해보세요!

2.8 map, filter

배열 처리에서 자주 나오는 map과 filter에 관해 소개합니다.

기존 for문

기존 배열에 루프를 돌려 처리하는 경우에는 for문을 이용했습니다. 다음은 이름이 저장된 배열에 루프를 돌려 출력하는 샘플입니다.

🖥 기존 for문

```
// 배열 정의(※고토는 뒤에 등장)
const nameArr = ["누시다", "사키오카", "고토"];

// for문을 이용한 배열 처리
for (let index = 0; index < nameArr.length; index++) {
  console.log(nameArr[index]);
}
// 누시다
// 사키오카
// 고토
```

배열의 요소 수만큼 루프 처리를 실행합니다. 루프를 돌 때마다 index를 1씩 증가시키고 배열 요소에 index를 이용해 접근하여 순서대로 처리하는 구조입니다. 구문도 복잡하고 코드양도 늘어날 수밖에 없습니다.

map 함수 이용 방법

map 함수를 이용하면 어떻게 되는지 확인해봅니다. map 함수에서는 배열을 순서대로 처리한 결과를 배열로 받을 수 있습니다. 순서대로 코드를 작성하며 그 구조를 확인해봅니다.

🖥 배열.map() ①

```
// 배열 정의
const nameArr = ["누시다", "사키오카", "고토"];
```

```
// 배열.map()으로 이용한다.
const nameArr2 = nameArr.map();
```

먼저 map 함수는 배열에 대해 **배열.map()**의 형태로 이용합니다.

🖥 **배열.map() ②**
```
// 배열 정의
const nameArr = ["누시다", "사키오카", "고토"];

// 배열.map(함수)로 이용한다.
const nameArr2 = nameArr.map(() => {});
```

그리고 ( )안에는 함수를 작성합니다. 예제는 화살표 함수의 껍데기를 먼저 입력한 상태입니다. 함수는 임의의 이름을 붙인 인수를 받을 수 있으며 거기에 배열 안의 값이 들어갑니다. 그리고 반환하는 요소를 함수 안에서 return합니다.

🖥 **배열.map() ③**
```
// 배열 정의
const nameArr = ["누시다", "사키오카", "고토"];

// 인수(name)에 배열의 값이 설정되고 return으로 반환한다.
const nameArr2 = nameArr.map((name) => {
  return name;
});

console.log(nameArr2); // ["누시다", "사키오카", "고토"]
```

이 예는 순서대로 처리하면서 값을 그대로 반환합니다. 따라서 동일한 배열을 지정하면 아무 의미가 없는 처리지만 이것이 map을 이용하는 기본적인 방법입니다. 그럼 처음에 확인했던 for문의 예를 map 함수로 바꿔봅시다.

🖥 **map 함수 이용**
```
// 배열 정의
const nameArr = ["누시다", "사키오카", "고토"];

// map을 이용한 배열 처리
nameArr.map((name) => console.log(name));
```

```
// 누시다
// 사키오카
// 고토
```

화살표 함수를 한 행으로 작성하고 콘솔에 출력했습니다. for문에 비해 매우 간단하게 작성할 수 있습니다. 반환값으로 배열을 받지 않아도 된다면 예제처럼 새로운 배열을 정의하지 않고도 단순하게 루프 처리를 할 수 있습니다.

filter 함수 이용 방법

다음으로 map 함수와 비슷한 filter 함수를 확인해봅니다. filter 함수는 map 함수와 이용 방법이 거의 동일하지만 return 뒤에 조건식을 입력해서 일치하는 것만 반환합니다. 다음은 숫자가 저장된 배열에서 홀수만 추출하는 예입니다.

filter 함수를 이용해 홀수만 추출하기
```
// 배열 정의
const numArr = [1, 2, 3, 4, 5];

// 홀수(2로 나누어 나머지가 1)만 추출
const newNumArr = numArr.filter((num) => {
  return num % 2 === 1;
});

console.log(newNumArr); // [1, 3, 5]
```

이렇게 filter 함수는 조건에 일치하는 값만 배열로부터 추출할 수 있습니다. 프로그램을 작성하면서 배열 안에서 특정한 조건에 일치하는 것을 추출해서 처리하고 싶을 때는 filter 함수를 이용합니다.

index 다루기

루프를 사용해 배열을 처리할 때 몇 번째 요소인지 알아야 하는 경우가 자주 있습니다. 예를 들어 기존 for문은 애초에 index를 이용하기 때문에 다음과 같이 순서의 개념을 다룰 수 있습니다.

📺 **for문의 index를 이용해 요소를 순서대로 추출**

```javascript
const nameArr = ["누시다", "사키오카", "고토"];

// 정의한 index를 이용
for (let index = 0; index < nameArr.length; index++) {
  console.log(`${index + 1}번째는 ${nameArr[index]}입니다`);
}
// 1번째는 누시다입니다
// 2번째는 사키오카입니다
// 3번째는 고토입니다
```

템플릿 문자열로 출력하는 부분은 쉽게 이해할 수 있을 것입니다. index가 0부터 시작하므로 1을 더해서 출력합니다.

같은 처리를 map 함수로 구현해봅니다. 여기서 포인트는 map( ) 안에서 실행하는 함수의 인수입니다.

📺 **map 함수의 인수를 이용해 요소 순서대로 추출**

```javascript
const nameArr = ["누시다", "사키오카", "고토"];

// 두 번째 인수에 index를 넣는다.
nameArr.map((name, index) => console.log(`${index + 1}번째는 ${name}입니다`));
// 1번째는 누시다입니다
// 2번째는 사키오카입니다
// 3번째는 고토입니다
```

이렇게 map 안의 함수는 두 번째 인수를 넣을 수 있으며 넣는 위치에 0부터 순서대로 index 정보가 저장됩니다. 몇 번째인지 알아야 할 때는 map 또는 filter의 두 번째 인수를 활용합니다.

map을 이용한 예시

그럼 마지막으로 map 함수를 이용한 간단한 예를 코딩해봅시다. 사양은 아래와 같습니다.

● 사양 설명

누시다, 사키오카, 고토의 이름이 저장된 배열이 있다. 누시다 이외의 이름 뒤에는 존칭인 '님'을 붙인 새로운 배열을 생성하자.

구현 패턴이 몇 가지 되지만 여기서는 map을 이용한 예를 하나만 작성하겠습니다.

📺 map을 이용한 사양 구현 예

```javascript
const nameArr = ["누시다", "사키오카", "고토"];

const newNameArr = nameArr.map((name) => {
  if (name === "누시다") {
    return name;
  } else {
    return `${name}님`;
  }
});

console.log(newNameArr);
```

name이 누시다인 경우에는 그대로 반환, 그 외의 경우에는 끝에 **님**을 붙여서 사양을 만족시킵니다. 이렇게 배열의 값을 순서대로 다루면 다양하게 구현할 수 있습니다.

리액트에서는 화면을 표시할 때도 map을 자주 사용합니다. 자세한 내용은 뒤에서 설명합니다.

2.9 [덤] 삼항 연산자

모던한 표기법은 아니지만 리액트에서 자주 쓰는 삼항 연산자를 소개합니다. 삼항 연산자는 너무 많이 이용하면 가독성이 낮아져 좋지 않지만 if ~ else ~를 작성하는 수고가 줄어들기 때문에 적절하게 사용하면 효과적입니다. 구문은 다음과 같은 형태로 작성합니다.

서식 삼항 연산자

```
조건 ? 조건이 true일 때의 처리 : 조건이 false일 때의 처리
```

이와 같이 조건문 뒤에 ?(물음표)와 :을 이용해 처리를 분기할 수 있습니다. 다음은 가장 단순한 예입니다.

```
// 1은 0보다 크므로 true, 따라서 :의 왼쪽이 설정된다
const val1 = 1 > 0 ? "true입니다" : "false입니다";

console.log(val1); // true입니다
```

예를 들어 '입력값이 숫자인 경우에는 세 자리마다 콤마로 구분한 표기로 변환, 숫자가 아닌 경우에는 메시지를 표시해 주의를 준다'와 같은 처리는 다음과 같이 작성할 수 있습니다.

📃 **입력값에 대한 메시지 출력**

```
// 수치를 변환해 출력하는 함수
const printFormattedNum = (num) => {
  const formattedNum = typeof num === "number" ? num.toLocaleString() : "숫자를 입력
하십시오";
  console.log(formattedNum);
};

printFormattedNum(1300); // 1,300
printFormattedNum("1300"); // 숫자를 입력하십시오
```

typeof ~는 변수 등의 타입을 판정하고 toLocaleString()은 숫자를 세 자리씩 콤마로 구분해서 변환합니다. 이렇게 '판정 → 변수' 설정을 할 때 삼항 연산자가 편리합니다. 다음은 함수의 return 부분에 삼항 연산자를 이용한 예입니다.

📃 **함수 return 부분에 삼항 연산자 이용**

```
// 두 인수의 합이 100을 넘는지 판정하는 함수
const checkSumOver100 = (num1, num2) => {
  return num1 + num2 > 100 ? "100을 넘었습니다!" : "허용 범위 안입니다";
}

console.log(checkSumOver100(50, 40)); // 허용 범위 안입니다
console.log(checkSumOver100(50, 70)); // 100을 넘었습니다!
```

이렇게 return 부분에 삼항 연산자를 이용해 함수를 간단하게 작성할 수도 있으므로 적절히 활용하면 좋습니다. 그리고 리액트로 작성할 때 화면 요소 구분 표시에도 삼항 연산자를 이용합니다. 4장에서 다시 한 번 설명할 것이니 여기에서는 기본 구문만 파악하면 됩니다.

2.10 [덤] 논리 연산자의 원래 의미 && ||

여러분은 논리 연산자(&&와 ||)의 의미를 정확하게 알고 있습니까? 보통 '그리고'나 '또는'으로 알고 있을 것입니다. 두 연산자가 왜 '그리고'와 '또는'에 해당하는 작동을 하는지 그 구조에 관해 설명하겠습니다. 논리 연산자의 구조는 리액트 개발에서도 중요합니다. 다음 코드를 확인해봅시다.

📺 **논리 연산자를 이용한 조건 분기**

```
const flag1 = true;
const flag2 = false;

if (flag1 || flag2) {
  console.log("두 플래그 중 어느 하나는 true입니다");
}

if (flag1 && flag2) {
  console.log("두 플래그가 모두 true입니다");
}

// 두 플래그 중 어느 하나는 true입니다
```

true와 false를 설정한 변수로 if문을 간단하게 조건 분기했습니다. 이 경우 '두 플래그 중 어느 하나는 true입니다'라는 문자열만 콘솔에 출력됩니다. 다음 케이스 ①에서는 무엇이 출력될까요?

📺 **케이스 ① || 이용(null 설정)**

```
const num = null;
const fee = num || "금액을 설정하지 않았습니다";

console.log(fee); // 무엇이 출력되었나요?
```

&&와 ||의 원래의 의미를 모른다면 이 코드를 봤을 때 머리가 멍해질 것입니다. 참고로 결과는 다음과 같습니다.

케이스 ① || 이용(null 설정)

```
const num = null;
const fee = num || "금액을 설정하지 않았습니다";

console.log(fee); // 금액을 설정하지 않았습니다
```

num에 100이라는 값을 설정한 케이스 ②에서는 다음과 같이 됩니다.

케이스 ② || 이용(100 설정)

```
const num = 100;
const fee = num || "금액을 설정하지 않았습니다";

console.log(fee); // 100
```

이와 같은 코드가 되는 이유는 논리 연산자 ||이 연산자의 왼쪽이 false라고 판정하면 오른쪽을 반환하기 때문입니다. null, undefined, 0 등은 자바스크립트에서 false로 판정합니다. 따라서 첫 번째 예에서는 연산자의 오른쪽을 반환하므로 '금액이 설정되지 않았습니다'라는 문자열이 변수에 설정됩니다(반대로 왼쪽이 true이면 왼쪽을 반환합니다). 처음 예를 다시 확인해봅니다.

논리 연산자를 이용한 조건 분기

```
const flag1 = true;
const flag2 = false;

if (flag1 || flag2) {
  console.log("두 플래그 중 어느 하나는 true입니다");
}
```

'또는'과 같은 동작을 하는 이유를 앞에서 설명한 규칙에 따라 확인해봅니다. 먼저 if문은 ( ) 안이 true로 판정되면 그 안의 처리를 실행합니다. 그리고 왼쪽이 false이면 오른쪽을 반환(왼쪽이 true이면 왼쪽을 반환)합니다. 먼저 왼쪽이 true이면 왼쪽을 그대로 반환하므로 그다음 if문이 실행됩니다. 왼쪽이 false이면 오른쪽을 반환하며 만약 오른쪽이 true이면 그다음 if문이 실행됩니다. 그래서 결과적으로 '또는'과 같은 동작을 하게 되는 것입니다.

그럼 &&도 살펴봅시다.

📺 케이스 ③ && 이용(100 설정)

```
const num2 = 100;
const fee2 = num2 && "무언가가 설정되었습니다";

console.log(fee2); // 무언가가 설정되었습니다
```

논리 연산자 &&는 왼쪽을 true로 판정하면 오른쪽을 반환합니다. ||과 반대입니다. 앞에서 했던 것과 같은 방식으로 처음 예를 보고 '그리고'가 되는 이유를 직접 확인해보기 바랍니다.

이렇게 추가적으로 설명하는 이유는 리액트로 이를테면 '특정 조건을 만족하는 경우에만 화면에 표시'와 같은 처리를 하려면 논리 연산자를 잘 활용해야 하기 때문입니다. 코드 구조를 알고 있으면 훨씬 쉽게 지식을 익힐 수 있습니다.

도와주세요
선배님! falsy, truthy, nullish가 뭔가요?

 true 판정이나 false 판정이라는 게 나오는데 식 이외에도 적용되는 것이 정말인가요?

 그래요. 예를 들어 '누시다' 같은 문자열도 자바스크립트에서는 암묵적으로 boolean으로 변환할 수 있어요. 그래서 if ("누시다") {~} 같은 처리도 할 수 있지요. 이렇게 암묵적으로 true로 변환되는 값을 truthy, false로 변환되는 값을 falsy라고 불러요.

 아, &&나 ||도 truthy 또는 falsy로 판정하는 거군요!

 맞아요. 그리고 0이나 ""(빈 문자)는 falsy이지만 [ ](빈 배열)이나 { }(빈 객체)는 truthy니까 주의해야 해요.

 아하, 복잡하네요...

 또, null과 undefined로 판정되는 것은 nullish라고 불러요. nullish 여부에 따라 판정할 수 있는 ?? 연산자도 있으니 꼭 확인해보고요!

2.11 정리

- 적극적으로 const, let을 이용해 변수를 선언한다.
- 템플릿 문자열을 이용하면 문자열 안에서 쉽게 자바스크립트를 전개할 수 있다.
- 화살표 함수에는 표기법을 포함해 다양한 특징이 있다.
- 분할 대입을 이용해 객체나 배열로부터 값을 추출할 수 있다.
- 인수나 분할 대입 시 디폴트값을 설정할 수 있다.
- 스프레드 구문을 이용해 배열이나 객체를 모으거나 복사할 수 있다.
- 객체 속성명과 설정할 변수명이 같을 때는 생략 표기법을 이용할 수 있다.
- for문을 이용하지 않고도 map 함수나 filter 함수를 이용해 배열을 루프 처리할 수 있다.
- 삼항 연산자를 이용해 분기를 짧게 작성할 수 있다.
- 논리 연산자 &&와 ||의 올바른 의미를 이해하고 이용하자.

자바스크립트에서 DOM 조작

리액트가 어떤 문제를 해결했는지 알기 위해서는 지금까지 프런트엔드 개발을 어떻게 했는지 아는 것이 중요합니다. 이번 장에서는 기존 자바스크립트에서 DOM을 조작하는 방법을 학습합니다.

누시다 씨, 전에 공유해줬던 자료는 모두 읽어봤어요? 어땠나요?

 ES2015 이후의 편리한 표기법 같은 건 제가 전혀 몰랐더라고요! 어렴풋이 알던 논리 연산자나 삼항 연산자를 확실히 이해할 수 있었고 많은 공부가 되었습니다.

 그래요? 잘 되었네요. 그 자료의 내용은 리액트 개발에 자주 나오는 것들이라 자세히 설명되어 있어요. 사전 지식 없이 바로 리액트를 공부하면 코드의 의미를 몰라서 리액트 자체를 학습하는 데 집중하기가 어렵답니다.

 정말로 예전에 공식 사이트를 봤을 때는 잘 모른 채로 따라 했던 적이 있었어요.

당연한 말이지만 리액트를 익히기 위해서는 **리액트 자체를 배우는 데 집중**해야 한다. 그 전에 리액트의 바탕이 되는 자바스크립트를 익히고 학습에 임한다, 이것은 사키오카 씨가 경험을 통해 만들어낸 로드맵일 것이다.

 사키오카 선배님, 누시다 선배님, 좋은 아침입니다!

돌아보니 정장을 입고 밝게 미소 짓고 있는 청년이 보였다. 처음 보는 얼굴이라 조금 머뭇거리고 있으니 사키오카 선배가 눈치채고 말을 꺼냈다.

 아, 그렇지. 두 사람은 초면이죠? 이쪽은 신입 사원인 고토 씨. 연수를 마치고 오늘부터 부서에 배치되었으니 누시다 씨가 후배가 되겠네요.

 고토입니다 ! 처음 뵙겠습니다! 아직 아무것도 모르지만 의지와 근성만큼은 자신 있습니다. 잘 부탁드립니다!!

고토

경험이 없는 대졸 신입 사원. 활력이 넘친다. 악의는 전혀 없지만 신경 쓰이는 것은 바로 말하는 성격이어서 주위 사람들을 들었다 놨다 한다.

참, 그렇지. 마침 두 사람 모두 같은 부분까지 학습했을 테니 여기부터는 리액트를 함께 배우는 것도 좋겠네요!

드디어 리액트인가요!?

아쉽지만, 아직 한 가지 더 먼저 알려주고 싶은 게 있어요. 순수한 자바스크립트만 이용해 DOM을 조작하는 방법! 누시다 씨는 제이쿼리를 다룬 경험이 있으니까 대략적인 이미지를 떠올릴 수 있을 것 같지만, 고토 씨는 리액트를 바로 하게 될 테니 이 부분을 먼저 알아두어야 해요.

사키오카 선배가 말을 이었다. 리액트의 특징이나 장점이 무엇인지 이해하기 위해서는 순수한 자바스크립트나 제이쿼리로 애플리케이션을 작성하는 법을 알아두는 것이 중요하다. 입문자가 그 과정을 건너뛰고 곧바로 리액트를 학습하게 되면 '이렇게 작성하면 이렇게 동작하는 것인가' 하는 정도만 알고 끝나버리게 된다고 한다.

그렇군요! 역시 사키오카 선배님! 누시다 선배님도 잘 부탁드립니다!!

리액트 학습의 길을 제대로 걷고 있다는 것에 설렘을 느끼면서 막바지 준비 단계에 발을 내디뎠다.

3.1 자바스크립트를 이용한 DOM 액세스

순수한 자바스크립트나 제이쿼리를 이용해 화면 요소를 바꿀 때는 DOM을 순차적으로 조작합니다. 이번 장에서는 메서드나 DOM 조작 방법을 자세히 설명하지 않습니다. 다만 '기존의 화면 조작 방법은 이만큼이나 번거로웠다'는 것을 전달하고자 합니다. 다소 이해되지 않는 부분이 있더라도 크게 신경 쓰지 말고 읽어나가기 바랍니다.

템플릿 만들기

먼저 간단한 동작을 시험해보기 위한 애플리케이션 템플릿을 만듭니다.

폴더 구성 **템플릿**

```
[프로젝트]
  src
    styles.css
  index.html
```

모형 | **index.html**

```html
<!DOCTYPE html>
<html>
  <head>
    <title>JavaScript에서의 DOM 조작</title>
    <meta charset="UTF-8" />
    <link rel="stylesheet" href="src/styles.css" />
  </head>

  <body>
    <h1 id="title">Hello World!!</h1>
    <div class="container">
      <p>영역 1입니다</p>
    </div>
    <div class="container">
      <p>영역 2입니다</p>
```

```
    </div>
  </body>
</html>
```

템플릿 | **styles.css**

```
.container {
  border: solid 1px #ccc;
  padding: 16px;
  margin: 8px;
}
```

위 애플리케이션 템플릿을 화면에 표시한 결과는 [그림 3-1]과 같습니다.

그림 3-1 화면 표시

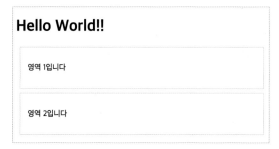

이 화면에서 자바스크립트로 DOM을 얻어봅니다.

자바스크립트를 이용한 DOM 얻기

먼저 JS 파일을 만들어 로드해둡니다.

폴더 구성   **index.js 추가**

추가한 index.js 출력 테스트 | index.js

```
console.log("test");
```

index.js 추가 | index.html

```html
<!DOCTYPE html>
<html>
  <head>
    <title>JavaScript에서의 DOM 조작</title>
    <meta charset="UTF-8" />
    <link rel="stylesheet" href="src/styles.css" />
  </head>

  <body>
    <h1 id="title">Hello World!!</h1>
    <div class="container">
      <p>영역 1입니다</p>
    </div>
    <div class="container">
      <p>영역 2입니다</p>
    </div>
    <script src="src/index.js"></script>  ●---- 추가
  </body>
</html>
```

콘솔에 test라고 표시되었다면 정상적으로 로딩된 것입니다. 그럼 id를 지정해 요소를 얻어
보겠습니다. 방법은 다음과 같습니다.

id를 지정해 요소 얻기 | index.js

```js
// getElementById 사용
const title1 = document.getElementById("title");
console.log(title1);
// <h1 id="title">Hello World!!</h1>

// querySelector 사용
const title2 = document.querySelector("#title");
console.log(title2);
// <h1 id="title">Hello World!!</h1>
```

콘솔에서 확인하면 HTML 태그와 같은 것을 자바스크립트 변수로 얻었음을 알 수 있습니다. document는 DOM 트리의 엔트리포인트, getElementById는 id를 지정한 DOM을 얻는 방법입니다.

querySelector는 ( ) 안에 여러 셀렉터^{Selector}를 지정한 뒤 일치하는 첫 번째 요소를 반환합니다. 이렇게 얻은 DOM 요소를 앞으로 엘리먼트^{Element}라고 부르겠습니다. 이외에도 클래스명을 이용해서 얻는 방법도 있습니다.

클래스명으로 엘리먼트 얻기 | index.js

```
// getElementsByClassName 사용
const containers = document.getElementsByClassName("container");
console.log(containers);
```

이때 다음과 같이 HTMLCollection에 여러 엘리먼트를 저장해 얻을 수 있습니다.

그림 3-2 getElementsByClassName 얻기 결과

```
▼HTMLCollection {0: HTMLDivElement, 1: HTMLDivElement, length: 2, item: ƒ item(), namedItem: ƒ namedItem()…}
    0: ▶<div class="container">…</div>
    1: ▶<div class="container">…</div>
    length: 2
  ▶ item: ƒ item() {}
  ▶ namedItem: ƒ namedItem() {}
  ▶ constructor: "HTMLCollection"
```

getElementsByClassName은 지정한 클래스명을 가진 요소를 얻습니다. class="container"를 가진 div 태그는 두 개 존재하며 [그림 3-2]와 같이 두 개의 요소를 모두 얻었음을 확인할수 있습니다. 이렇게 엘리먼트를 모아서 얻는 것도 가능합니다. 그리고 앞에서 설명한 querySelector를 이용해 클래스명으로 엘리먼트를 얻을 수도 있습니다.

querySelector를 이용한 엘리먼트 얻기 | index.js

```
// querySelector 사용
const container = document.querySelector(".container");
console.log(container);
```

클래스명일 때는 .를 붙입니다. querySelector는 가장 처음 일치한 요소를 반환하므로 여기에서는 다음과 같이 한 개의 엘리먼트를 얻습니다.

그림 3-3 querySelector를 이용한 얻기 결과

```
0: ▼<div class="container">
      <p>영역 1입니다</p>
    </div>
```

여러 엘리먼트를 얻을 수 있는 버전의 querySelector인 querySelectorAll도 있습니다.

querySelectorAll을 이용한 엘리먼트 얻기 | index.js

```javascript
// querySelectorAll 사용
const containers = document.querySelectorAll(".container");
console.log(containers);
```

querySelectorAll을 사용하면 일치하는 엘리먼트를 모두 얻기 때문에 getElementsByClass
Name과 마찬가지로 여러 엘리먼트를 얻을 수 있습니다. 엄밀하게는 getElementsByClassName
을 이용할 때는 HTMLCollection을 얻고 querySelectorAll을 이용할 때는 NodeList를 얻는
다는 차이가 있습니다.

그림 3-4 querySelectorAll을 이용한 얻기 결과

```
▼NodeList {0: HTMLDivElement, 1: HTMLDivElement, entries: ƒ entrie
s(), keys: ƒ keys(), values: ƒ values()…}
   0: ▶<div class="container">…</div>
   1: ▶<div class="container">…</div>
  ▶entries: ƒ entries() {}
  ▶keys: ƒ keys() {}
  ▶values: ƒ values() {}
  ▶forEach: ƒ forEach() {}
   length: 2
  ▶item: ƒ item() {}
  ▶<constructor>: "NodeList"
```

기존 프런트엔드 개발에서는 이와 같이 먼저 조작 대상이 '무엇'인지 명시적으로 지정할 필요
가 있었습니다. 그래서 id나 class, 태그명 및 계층 구조 등을 사용해서 조작 대상 DOM을
얻어야만 했는데 이는 버그를 쉽게 발생시키는 요인이기도 했습니다.

3.2 DOM 작성, 추가, 삭제

이어서 DOM 작성, 추가, 삭제에 관해 살펴봅니다.

DOM 작성

자바스크립트 기능을 이용하면 지금까지 얻은 것과 같은 엘리먼트를 새롭게 작성할 수 있습니다. 예를 들어 다음과 같이 div의 엘리먼트를 생성할 수 있습니다.

div 생성

```
const divEl = document.createElement("div");
console.log(divEl);
// <div></div>
```

createElement는 인수에 HTML 태그명을 문자열로 지정 가능하며 해당 태그의 엘리먼트를 작성합니다. 존재하지 않는 태그를 지정한 경우에는 HTMLUnknownElement라는 명칭의 엘리먼트 같은 것을 생성할 수 있지만 구체적인 이용 방법은 없습니다.

HTMLUnknownElement 생성

```
// 존재하지 않는 태그명을 지정
const nushidaEl = document.createElement("nushida");
console.log(nushidaEl);
// <nushida></nushida>
```

순수한 자바스크립트를 이용해 화면에 요소를 추가하는 경우에는 먼저 createElement로
DOM 요소를 작성하게 됩니다.

DOM 추가

획득 또는 작성한 엘리먼트에 대해 요소를 추가할 수 있습니다. 예를 들어 createElement로
작성한 div 태그 안에 p 태그를 추가할 때는 다음과 같이 기술합니다.

 div 아래 p 태그 추가

```
// div 태그 생성
const divEl = document.createElement("div");

// p 태그 생성
const pEl = document.createElement("p");

// div 태그 아래 p 태그 추가
divEl.appendChild(pEl);
console.log(divEl);
```

콘솔에서 [그림 3-5]와 같은 결과를 확인할 수 있습니다.

그림 3-5 div 태그 아래 p 태그를 추가한 결과

이렇게 appendChild를 사용해 특정 엘리먼트 아래에 다른 엘리먼트를 추가할 수 있습니다.
HTML을 계층 구조로 코딩하는 것과 같습니다. appendChild는 하위 요소의 맨 끝에 요소를
추가하기 때문에 자녀 요소가 여러 개일 경우 가장 마지막에 차례대로 추가됩니다.

div 아래에 p 태그와 h2 태그를 추가

```javascript
// div 태그 생성
const divEl = document.createElement("div");

// p 태그 생성
const pEl = document.createElement("p");

// h2 태그 생성
const h2El = document.createElement("h2");

// div 태그 아래 p 태그 추가
divEl.appendChild(pEl);
// div 태그 아래 h2 태그 추가
divEl.appendChild(h2El);

console.log(divEl);
```

콘솔에서 [그림 3-6]과 같은 결과를 확인할 수 있습니다.

그림 3-6 div 아래 p 태그와 h2 태그를 추가한 결과

나중에 추가한 h2 태그가 p 태그보다 뒤에 추가되는 것을 확인할 수 있습니다. 뒤가 아닌 앞에 추가하고 싶을 때는 prepend를 사용합니다.

div 아래 맨 앞에 p 태그와 h2 태그를 추가

```javascript
// div 태그 생성
const divEl = document.createElement("div");

// p 태그 생성
const pEl = document.createElement("p");

// h2 태그 생성
const h2El = document.createElement("h2");
```

```
// div 태그 아래 p 태그 추가(맨 앞)
divEl.prepend(pEl);
// div 태그 아래 h2 태그 추가(맨 앞)
divEl.prepend(h2El);

console.log(divEl);
```

콘솔에서 [그림 3-7]과 같은 결과를 확인할 수 있습니다.

그림 3-7 div 태그 아래 맨 앞에 p 태그와 h2 태그를 추가한 결과

이렇게 appendChild나 prepend를 이용함으로써 특정 DOM 아래에 다른 DOM을 추가할 수 있습니다.

3.1절에서 설명한 DOM 얻기와 조합해서 화면에 요소를 추가할 수 있으므로 테스트해봅시다. 사용할 폴더의 구성과 코드 내용은 다음과 같으며 실습 전에 다시 확인하기 바랍니다.

폴더 구성 **사용할 폴더의 구성**

이용할 HTML 파일 | index.html

```
<!DOCTYPE html>
<html>
  <head>
    <title>JavaScript에서의 DOM 조작</title>
    <meta charset="UTF-8" />
    <link rel="stylesheet" href="src/styles.css" />
```

```
  </head>

  <body>
    <h1 id="title">Hello World!!</h1>
    <div class="container">
      <p>영역 1입니다</p>
    </div>
    <div class="container">
      <p>영역 2입니다</p>
    </div>
    <script src="src/index.js"></script>
  </body>
</html>
```

사용하는 js 파일 | **index.js**

```
// 빈 파일
```

화면에 [그림 3-8]과 같이 표시됩니다.

그림 3-8 화면 표시

'영역 1입니다'라는 문자 아래에 버튼을 설정해봅니다. `index.js`를 수정해 화면을 읽을 때 코드가 실행되는 요소를 추가할 수 있습니다.

```javascript
// button 태그 생성
const buttonEl = document.createElement("button");
// 버튼 라벨 설정
buttonEl.textContent = "버튼";

// 영역 1의 div 태그 얻기
const div1El = document.querySelector(".container");

// div 태그 아래에 button 태그를 추가
div1El.appendChild(buttonEl);
```

화면을 다시 로딩했을 때 [그림 3-9]와 같이 표시되면 성공입니다.

그림 3-9 영역 1에 버튼을 추가

이와 같이 화면에서 얻은 엘리먼트에 추가로 메서드를 구현해 화면 표시를 변경할 수 있습니다.

DOM 삭제

삭제하는 경우에는 removeChild를 사용합니다. 다음은 앞의 HTML에서 'Hello World!!'라고 쓰인 h1 태그를 삭제하는 예입니다.

 h1 태그 삭제

```javascript
// h1 태그 삭제
const h1El = document.getElementById("title");
```

```
// body 태그 얻기
const bodyEl = document.querySelector("body");

// body 태그 아래부터 삭제
bodyEl.removeChild(h1El);
```

화면을 표시하면 [그림 3-10]과 같이 Hello World!! 문자가 사라집니다.

그림 3-10 사라진 h1 태그

영역 1입니다

영역 2입니다

removeChild는 그 아래부터 지정된 엘리먼트를 삭제할 수 있는 것이 장점입니다. 특정 요소가 아니라 자녀 요소를 모두 삭제할 때는 textContent에 null을 지정하면 됩니다.

📺 **body 아래 모두 삭제**

```
// body 태그 얻기
const bodyEl = document.querySelector("body");

// body 태그 아래부터 삭제
bodyEl.textContent = null;
```

그러면 화면에는 아무것도 나타나지 않게 됩니다. 이렇게 특정 요소 아래 전체를 한 번에 삭제할 수도 있습니다.

새로운 엘리먼트를 만들거나, 추가하거나, 삭제해서 동적인 화면을 만들 수도 있습니다. HTML의 구조나 id, 클래스명과 자바스크립트 코드가 밀접하게 관련되어 있음을 알았을 것입니다. 마지막으로 지금까지 학습한 내용을 복습하는 차원에서 DOM 조작을 구현해보겠습니다.

3.3 자바스크립트를 이용해 DOM 조작하기

지금까지 학습한 내용을 바탕으로 자바스크립트를 이용해 DOM을 조작하는 애플리케이션을 구현해봅니다. 앞에서 설명했지만 이번 장에서 확인하고자 하는 것은 세세한 메서드나 DOM 조작 방법이 아니라 '기존 화면 조작 방법이 상당히 번거로웠다'는 점입니다. 다소 이해가 되지 않는 부분이 있더라도 가벼운 마음으로 읽기 바랍니다.

작성할 애플리케이션

프런트엔드만으로 동작하는 간단한 메모 애플리케이션을 작성해볼 것입니다. [그림 3-11]은 작성할 메모 애플리케이션의 초기 화면입니다.

그림 3-11 메모 애플리케이션의 초기 화면

텍스트 박스에 내용을 입력하고 [추가] 버튼을 누르면 목록에 내용이 추가되며 각 행의 [삭제] 버튼을 누르면 해당 행이 목록에서 삭제됩니다(그림 3-12, 3-13). 모두 순수한 자바스크립트로 구현할 수 있습니다.

그림 3-12 텍스트 박스에 메모 내용을 입력

그림 3-13 [추가] 버튼을 눌렀을 때

사전 준비

먼저 자바스크립트를 제외한 코드 템플릿을 만듭니다.

폴더 작성 **사전 준비**

```
[프로젝트]
  src
    index.js
    styles.css
  index.html
```

사전 준비 | **index.html**

```html
<!DOCTYPE html>
<html>
  <head>
    <title>간단 메모 애플리케이션</title>
    <meta charset="UTF-8" />
    <link rel="stylesheet" href="src/styles.css" />
  </head>

  <body>
    <h1 id="title">간단 메모 애플리케이션</h1>
    <input id="add-text" />
    <button id="add-button">추가</button>
    <div class="container">
      <p>메모 목록</p>
      <ul id="memo-list"></ul>
    </div>

    <script src="src/index.js"></script>
  </body>
</html>
```

사전 준비 | **styles.css**

```css
.container {
  border: solid 1px #ccc;
```

```
  padding: 16px;
  margin: 8px;
}

li > div {
  display: flex;
  align-items: center;
}

button {
  margin-left: 16px;
}
```

사전 준비 | index.js

```
// 빈 파일
```

작성한 코드를 실행하면 화면에는 [그림 3-11]과 같이 표시됩니다. 자바스크립트 측에서 조작할 수 있도록 적절한 id를 부여하고 CSS로 최소한의 스타일을 적용했습니다. 이 상태에서 자바스크립트를 이용한 DOM 조작 처리를 추가해봅니다.

자바스크립트 처리

자바스크립트 처리는 다음과 같습니다.

처리 구현 | index.js

```
// 추가 버튼 클릭 시 실행하는 함수
const onClickAdd = () => {
  // 텍스트 박스의 엘리먼트를 얻는다.
  const textEl = document.getElementById("add-text");

  // 텍스트 박스의 값을 얻는다.
  const text = textEl.value;

  // 텍스트 박스를 초기화한다(공백).
  textEl.value = "";
```

```javascript
  // li 태그 생성
  const li = document.createElement("li");

  // div 태그 생성
  const div = document.createElement("div");

  // p 태그 생성(텍스트 박스의 문자 설정)
  const p = document.createElement("p");
  p.textContent = text;

  // button 태그 생성(라벨: [삭제])
  const button = document.createElement("button");
  button.textContent = "삭제";

  // 버튼 클릭 시 행을 삭체하는 처리
  button.addEventListener("click", () => {
    // 삭제 대상 행(li)을 얻는다.
    // closest는 부모 요소와 일치하는 문자열을 찾는 메서드
    const deleteTarget = button.closest("li");

    // ul 태그 아래에서 앞서 특정한 행을 삭제
    document.getElementById("memo-list").removeChild(deleteTarget);
  });

  // div 태그 아래에 p 태그와 button 태그 설정
  div.appendChild(p);
  div.appendChild(button);

  // li 태그 아래에 div 태그 설정
  li.appendChild(div);

  // 메모 목록 리스트에 li 태그 설정
  document.getElementById("memo-list").appendChild(li);
};

// [추가] 버튼 클릭 시 onClickAdd 함수를 실행하도록 등록
document
  .getElementById("add-button")
  .addEventListener("click", () => onClickAdd());
```

addEventListener를 사용해 버튼 클릭 시 수행할 처리를 등록할 수 있습니다. 그 외에는 지금까지 소개한 데이터 얻기와 추가를 사용해서 애플리케이션을 완성합니다. 예제의 처리에서 작성된 DOM(각 행)의 이미지는 다음과 같습니다.

📺 **index.js 처리에 의해 작성된 DOM의 이미지**

```
<li>
  <div>
    <p>텍스트 박스의 내용</p>
    <button>삭제</button>
  </div>
</li>
```

이 정도의 요소를 추가하거나 삭제할 뿐인데도 코드가 이렇게나 복잡해집니다. 실제 애플리케이션에서 복잡한 화면 조작을 처리한다면 얼마나 혼란스러운 소스 코드가 될지 쉽게 상상할 수 있을 것입니다(코드를 능숙하게 개별 파일로 나누는 것을 고려하더라도 말이죠).

이번 장에서는 리액트 이전의 자바스크립트 개발에서 어떻게 화면을 조작했는지 직접 경험해 봤습니다. 기본적인 프런트엔드 개발을 알고 있다면 어렵지 않을 것입니다. 하지만 이제 막 프로그래밍을 시작했다면 리액트를 시작하기 전에 이번 장의 내용을 기초로 왜 리액트가 좋은지와 최근 자바스크립트의 변천에 관해 이해할 수 있을 것입니다.

다음 장부터는 드디어 리액트를 배웁니다.

도와주세요
선배님! ← **개발 도구를 잘 사용하자!**

 프런트엔드 개발을 하다 보면 현재 CSS가 어떻게 되어 있는지, 자바스크립트가 가진 값이 무엇인지 디버그하기 어렵다는 생각이 들 때가 있는데 선배님은 어떻게 하시나요?

 그렇죠. 우선 프런트엔드 개발자는 디버그 도구와 친숙해져야 해요! 브라우저를 열고 마우스 오른쪽 버튼을 클릭해 메뉴에서 [검사] 혹은 [요소 검사] 메뉴를 선택해보세요. 단축키는 윈도우에서는 [F12], 맥에서는 [command] + [option] + [i]를 이용해도 돼요.

 오! 뭔가 화면에 나타났습니다!

각 탭에서 다양한 작업을 할 수 있어요. 예를 들면 화면 요소에 적용된 CSS를 확인하거나, HTTP 요청/응답 내용을 보거나 임의로 네트워크 속도를 낮춰서 화면 표시를 확인하기도 해요. 또 콘솔^{Console}에서 로그를 확인하고 자바스크립트를 실행하거나, 어떤 파일 (JS, CSS, HTML 등)이 배포되는지 보거나, 성능 측정을 하거나, 저장 공간이나 쿠키의 값을 확인해 수정하고...

 저, 정말 여러 가지를 할 수 있군요! 검색해보고 저도 잘 사용할 수 있도록 해보겠습니다!

 그래요? 아직 더 많이 소개하고 싶지만 직접 알아보는 편이 공부가 되겠네요. 디버그 도구는 빨리 익숙해지는 것이 개발 효율에도 좋을 테니 힘내요!

3.4 　정리

- 기존 프런트엔드 개발에 대해 앎으로써 리액트를 더 쉽게 익힐 수 있다.
- 순수한 자바스크립트나 제이쿼리에서는 '이 요소를' '이렇게 조작한다'처럼 순차적으로 DOM을 조작한다.
- HTML의 id나 class, DOM 계층 구조 등과 자바스크립트 코드의 관계가 밀접해서 복잡해지기 쉬워 유지보수가 어려웠다.

리액트 기본

리액트를 배우기 위한 준비를 마치고 드디어 학습에 돌입합니다. 먼저 기본적인 표기법이나 특징적인 개념을 학습한 뒤 개발을 시작해봅시다.

우와, 드디어 끝났다!

꽤 힘들었어...

두 사람 모두 수고했어요! 자바스크립트를 사용한 DOM 조작을 공부한 것 같은데, 어땠어요?

음, 이 요소에 이런 작업을 한다는 느낌은 알 것 같은데 도중에 스스로 무엇을 하고 있는지 헤매기도 했습니다. 코드도 마냥 길어져서 고생했고요.

저는 제이쿼리에 익숙해져서 createElement 같은 것을 잊고 있었습니다. 그리고 DOM 요소를 지정해서 만들거나 삭제하는 것은 역시나 번거롭고 코드도 읽기 어렵다는 것도 다시 느꼈습니다.

그래요. 그래도 최근 몇 년 전까지 리액트나 Vue가 유행하기 전에는 이렇게 순차적으로 화면을 변경했어요. 그래서 조작 대상을 표시하기 위해 id를 붙이거나 DOM을 새로 만들어서 자녀 요소에 다른 DOM을 삽입한다든가, 아무튼 번거로웠죠.

사키오카 선배 말처럼 이번에 우리가 체험한 것과 같은 순수한 자바스크립트나 제이쿼리를 이용해 DOM을 조작하는 방법은 '순차적'이라고 표현하는 것 같다. 'A를 B한다'는 식으로 구현한다. 한편 리액트는 '선언적'이라고 표현하는 것 같다. 선언적이란 어떤 것인지 선배에게 물어봤지만 '지금은 말로 설명해도 쉽게 이해할 수 없을 테니 우선 직접 해보고 차이를 느껴봐요'라는 대답이 돌아왔다.

자, 이렇게 해서 리액트 공부를 시작할 준비는 끝났어요! 누시다 씨, 지금까지 배운 것을 화이트보드에 정리해볼 수 있겠어요?

나는 1주일 동안 배웠던 것을 화이트보드에 적기 시작했다.

- 모던 자바스크립트 기초 개념 이해
  - 개념
  - 모듈 핸들러
  - 가상 DOM
  - 트랜스파일러
  - 패키지 매니저
  - SPA
  - ECMAScript

- 리액트에서 사용한 모던한 표기법
  - const, let
  - 디폴트값
  - 삼항 연산자와 논리 연산자
  - 스프레드 구문
  - 화살표 함수
  - 객체 생략 표기법
  - 템플릿 문자열 분할 대입
  - map, filter

- 자바스크립트 구현 예제
  - 다양한 DOM 조작

 대략 이 정도였던 것 같아요.

 우와, 이렇게나 많았나요?

 그렇네요. 여기까지 준비했으니 이제 리액트 학습에 집중할 수 있겠어요. 사실 이 부분이 리액트를 끝까지 배우느냐 마느냐를 가를 정도로 중요해요.

 이제 리액트를 마스터했다고 봐도 되겠어요!!

 아니, 아직 입구에 서 있는 것뿐이에요. 지금부터 먼저 리액트의 개념이나 기본적인 규칙, 표기법을 학습할 거예요. 새로운 개념도 나와서 어려울 수 있겠지만 힘내요!

 알겠습니다!

이제부터 리액트 코드를 작성할 것입니다. 먼저 리액트 개발을 시작하는 방법 두 가지를 소개합니다.

CodeSandbox

간단하게 리액트 개발을 체험할 수 있는 방법으로 CodeSandbox라는 사이트를 추천합니다.

🌐 사이트   CodeSandbox
URL   https://codesandbox.io/

CodeSandbox는 웹 편집기에서 간단하게 자바스크립트 프로젝트를 만들 수 있고 코딩이나 공유, 깃허브^{GitHub}와 연동도 가능한 서비스입니다. 본격적인 서비스를 개발하는 데는 사용할 수 없지만 개인 학습이나 코드 공유에는 최적의 사이트입니다. 환경 구축에 시간을 들이고 싶지 않거나 학습 자체에 우선 집중하고 싶은 분에게 추천합니다.

먼저 CodeSandbox의 첫 화면(그림 4-1)에서 [</> Start coding for free] 버튼을 클릭해 Create Sandbox 메뉴 화면(그림 4-2)으로 이동합니다.

그림 4-1 CodeSandbox의 첫 화면

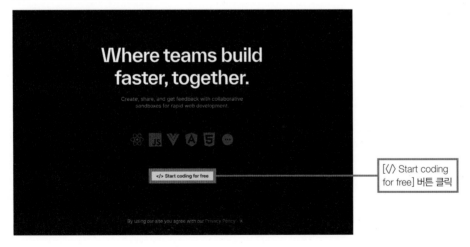

[</> Start coding for free] 버튼 클릭

다음으로 Create Sandbox 메뉴 화면에 표시된 템플릿 가운데 [React]를 클릭하면 리액트 프로젝트(그림 4–3)를 시작할 수 있습니다.

그림 4-2 Create Sandbox 메뉴

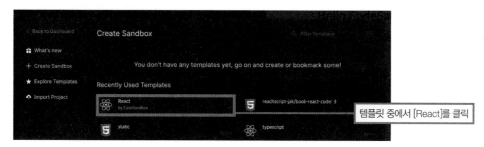

그림 4-3 리액트 프로젝트 작성 완료

그 외에도 다양한 기능이 있으니 이용해보기 바랍니다.

Create React App

리액트 프로젝트를 시작하는 가장 일반적인 방법입니다. 리액트 개발사인 메타Meta(전 페이스북Facebook)에서 공식으로 제공하고 있으며 명령어 하나로 리액트 프로젝트를 시작할 수 있습니다. 작업할 PC에 Node.js를 설치하고 터미널이나 커맨드 라인에서 다음 명령어를 실행합니다.

▼ 리액트 프로젝트를 작성하는 명령어

```
npx create-react-app [프로젝트명]
```

▼ my-app이라는 이름의 리액트 프로젝트를 만드는 경우

```
npx create-react-app my-app
```

실행한 폴더 안에 my-app이라는 이름의 폴더가 만들어집니다. 거기로 이동해 시작 명령어를 실행하면 로컬 상태에서 리액트를 기동할 수 있습니다.

▼ 로컬 환경에서 명령어 실행

```
cd my-app
npm start
```

이 명령어를 실행한 뒤 웹 브라우저에서 http://localhost:3000/에 접속합니다.

그림 4-4 npm start 이후 표시되는 화면

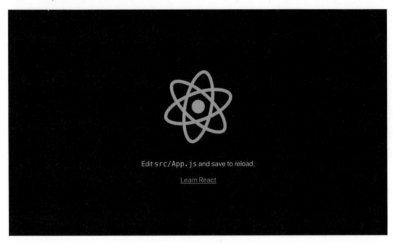

이제 리액트의 코드에 관해 설명할 것입니다. 앞에서 설명한 방법으로 반드시 리액트 프로젝트를 만들어보고 코딩할 수 있는 환경을 준비해주세요.

4.2 JSX 표기법

리액트는 JSX 표기법을 사용합니다. 자바스크립트 파일 안에서 HTML과 같은 태그를 기술할 수 있습니다. 먼저 리액트 프로젝트를 만든 뒤 src 폴더 안에 있는 파일을 모두 삭제합니다. 이후 index.js를 새로 만들어봅니다.

폴더 구성 | **현재 구성**

```
📁 [프로젝트]
├── 📁 public
│      ├── 📄 index.html
│      └── 📄 (Create React App 실행 시 생성되는 다른 파일들)
├── 📁 src
│      └── 📄 index.js
└── 📄 package.json 등
```

index.js에 리액트 기반을 작성하면서 JSX에 관해 설명하겠습니다. 먼저 react-dom 라이브러리에서 ReactDom이라는 이름으로 모듈을 import합니다.

ReactDom import | **index.js**

```js
import ReactDOM from "react-dom";
```

다음으로 App이라는 이름으로 화살표 함수를 이용해 함수를 준비합니다. 우선 null을 반환하는 함수로 정의합니다.

함수 정의 | **index.js**

```js
import ReactDOM from "react-dom";

const App = () => {
  return null;
};
```

ReactDom은 render라는 함수를 제공합니다. 첫 번째 인수에 'render 대상', 두 번째 인수에 'render 위치'를 지정합니다.

인수 지정

```js
import ReactDOM from "react-dom";

const App = () => {
  return null;
};

ReactDOM.render(<App />, document.getElementById("root"));
```

첫 번째 인수가 <App />으로 지정되어 있습니다. 리액트에서는 함수명을 HTML과 같이 태그로 감싸서 컴포넌트로 다룰 수 있습니다. 두 번째 인수는 root라는 id를 지정했습니다. 이것은 public > index.html에 있는 div 태그를 가리킵니다.

지정된 div 태그

```html
<!DOCTYPE html>
<html lang="en">

<head>
  (...생략)
</head>

<body>
  (...생략)
  <div id="root"></div>
  (...생략)
</body>

</html>
```

SPA에서 HTML 파일은 한 개뿐이므로 예제와 같이 애플리케이션 루트에 'HTML 중 여기에 컴포넌트를 렌더링하라'고 지정합니다. 지금은 App 함수가 null을 반환할 뿐이므로 화면은 하얗게 보일 것입니다. 이제 문자를 표시해봅니다.

h1 태그로 문자 표시 | index.js

```
import ReactDOM from "react-dom";

const App = () => {
  return null;  ●---------------------삭제
  return <h1>안녕하세요!</h1>;  ●---------추가
};

ReactDOM.render(<App />, document.getElementById("root"));
```

이제 화면에 h1 태그로 '안녕하세요!'라고 표시될 것입니다. 이렇게 JSX 표기법에서는 함수의 반환값으로 HTML 태그를 기술할 수 있고 그것을 컴포넌트로 다뤄 화면을 구성합니다.

JSX 규칙

그럼 h1 태그 아래 p 태그로 문자를 표시하고 싶은 경우를 가정하고 같은 방법으로 기술해봅시다. return 이후 행이 여럿일 때는 ( )로 감쌉니다.

P 태그로 문자 표시 | index.js

```
import ReactDOM from "react-dom";

const App = () => {
  return (
    <h1>안녕하세요!</h1>
    <p>잘 지내시죠?</p>
  );
};

ReactDOM.render(<App />, document.getElementById("root"));
```

위와 같이 기술하면 다음과 같은 에러가 발생할 것입니다.

출력 결과

```
Adjacent JSX elements must be wrapped in an enclosing tag. Did you want a JSX
fragment <>...</>?
```

중요한 JSX 규칙 중 하나는 **return 이후는 한 개의 태그로 둘러싸여 있어야 한다**는 것입니다. 예를 들어 div 태그 등으로 다음과 같이 바깥쪽으로 한 번 감싸면 에러가 사라집니다.

div 태그로 감싸기 | index.js

```
import ReactDOM from "react-dom";

const App = () => {
  return (
    <div> •----------------------추가
      <h1>안녕하세요!</h1>
      <p>잘 지내시죠?</p>
    </div> •----------------------추가
  );
};

ReactDOM.render(<App />, document.getElementById("root"));
```

또는 리액트에서 제공하는 Fragment를 사용할 수도 있습니다. Fragment는 두 가지 방법으로 기술할 수 있습니다. "react"에서 Fragment를 import해서 사용하거나 빈 태그로 감싸면 됩니다.

Fragment 사용 | index.js

```
import ReactDOM from "react-dom";
import { Fragment } from "react";

const App = () => {
  return (
    <Fragment>
      <h1>안녕하세요!</h1>
      <p>잘 지내시죠?</p>
    </Fragment>
  );
};
```

```js
import ReactDOM from "react-dom";

const App = () => {
  return (
    <>
      <h1>안녕하세요!</h1>
      <p>잘 지내시죠?</p>
    </>
  );
};
```

div 태그와 달리 이 표기법들은 불필요한 DOM을 생성하지 않습니다. 따라서 에러를 피하기 위해 바깥쪽을 감싸고 싶은 경우 등에 효과적으로 사용할 수 있습니다.

4.3 컴포넌트 사용 방법

지금까지 index.js에 코드를 작성했습니다. 그러나 계속해서 화면과 관련된 코드를 모두 index.js에 작성하면 코드양이 기하급수적으로 늘어나게 됩니다. 리액트 개발에서는 기본적으로 화면 요소를 다양한 수준의 컴포넌트로 분할함으로써 재사용성과 유지보수성을 높입니다.

컴포넌트의 종류

지금까지 작성한 것처럼 함수로 정의된 컴포넌트를 함수 컴포넌트라고 불러요. 과거의 리액트에서는 Class로 정의된 클래스 컴포넌트도 사용했지만 현재는 함수 컴포넌트가 주류예요. 신규 개발에서 클래스 컴포넌트는 사용하지 않아요.

컴포넌트 분할

그럼 컴포넌트로 만드는 과정을 알아보겠습니다. 먼저 src 파일 폴더 아래 App.js라는 파일을 새로 만듭니다.

```
[프로젝트]
├── public
│   ├── index.html
│   └── (Create React App 실행 시 생성되는 다른 파일들)
├── src
│   ├── App.js  ◀─── 추가
│   └── index.js
└── package.json 등
```

추가한 App.js에 index.js에 작성한 함수를 입력합니다.

index.js의 함수를 기술한 것 | **App.js**

```
const App = () => {
  return (
    <>
        <h1>안녕하세요!</h1>
        <p>잘 지내시죠?</p>
    </>
  );
};
```

그러나 이 상태로는 함수 컴포넌트를 이 파일 안에서만 사용할 수 있으므로 다른 파일에서도
사용할 수 있도록 export해야 합니다.

export | **App.js**

```
const App = () => {  ●----------------삭제
export const App = () => {  ●-----------추가
  return (
    <>
        <h1>안녕하세요!</h1>
        <p>잘 지내시죠?</p>
    </>
  );
};
```

export한 것을 import하면 다른 파일 안에서도 사용할 수 있으므로 index.js를 다음과 같이 변경합니다. index.js에 작성한 App 함수는 삭제합니다.

App 함수 삭제 | index.js

```
import ReactDOM from "react-dom";
import { App } from "./App";  ●----------- 추가

const App = () => {  ●-┐
  return (            ┊
    <>                ┊
      <h1>안녕하세요!</h1>  ┊----------- 삭제
      <p>잘 지내시죠?</p>    ┊
    </>               ┊
  );                  ┊
};  ●-┘

ReactDOM.render(<App />, document.getElementById("root"));
```

같은 계층에 있는 App.js로부터 App이라는 이름의 함수 컴포넌트를 읽었을 때는 이와 같이 작성합니다. 확장자는 생략할 수 있습니다.

화면 표시는 변경하지 않고 컴포넌트화에 성공했습니다. 이렇게 각 파일에 컴포넌트를 정의하고, 다른 파일에서 읽어 부품을 조합하는 것처럼 화면을 만들어가는 것이 리액트 개발의 묘미 중 하나입니다.

컴포넌트 파일의 확장자

리액트 내부에는 자바스크립트가 움직이고 있는 것이기 때문에 지금까지와 마찬가지로 .js라는 확장자로 작동시킬 수 있습니다. 이외에 컴포넌트용 .jsx 확장자도 사용할 수 있습니다.

시험 삼아 App의 확장자를 바꾸어봅시다. 특별한 에러 없이 작동할 것입니다.

폴더 구성 **App 확장자 변경**

```
[프로젝트]
├── public
│   ├── index.html
│   └── (Create React App 실행 시 생성되는 다른 파일들)
├── src
│   ├── App.jsx ◀── 확장자 변경
│   └── index.js
└── package.json 등
```

편집기 설정에 따라 다르지만 파일 옆에 아이콘도 리액트 마크로 바뀌기도 합니다.

그림 4-5 확장자 아이콘

선호도나 프로젝트에 따른 규칙은 있으나 기본적으로 컴포넌트 파일의 확장자는 .jsx를 사용할 것을 권장합니다. 컴포넌트인지 다른 js 파일인지 한눈에 알 수 있고 확장자를 .jsx로 함으로써 편집기의 편리한 보완 기능을 활용할 수 있습니다. 이후 이 책에서 컴포넌트 파일은 .jsx 확장자로 작성합니다.

4.4 이벤트와 스타일

이번 절에서는 리액트에서 이벤트를 실행하는 방법과 스타일을 적용하는 방법을 배웁니다.

이벤트 취급 방법

예를 들어 버튼을 클릭했을 때의 이벤트는 보통 onclick으로 작성합니다. 리액트는 어떨까요? 먼저 버튼을 만들어봅시다.

버튼 작성　　　　　　　　　　　　　　　　　　　　　　　　　　　**| App.jsx**

```
export const App = () => {
  return (
    <>
      <h1>안녕하세요!</h1>
      <p>잘 지내시죠?</p>
      <button>버튼</button>  ●----------추가
    </>
  );
};
```

버튼에 클릭 이벤트를 할당합니다. 리액트에서는 이벤트 등을 캐멀 케이스(단어가 연결되는 부분을 대문자로 표기)로 작성합니다.

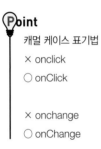

Point

캐멀 케이스 표기법

× onclick

○ onClick

× onchange

○ onChange

그리고 JSX에 작성되어 있는 HTML과 같은 태그 안(return 이후 등)에서는 { }로 감싸서 자바스크립트를 작성합니다.

태그 안 작성 방법　　　　　　　　　　　　　　　　　　　　　　**| App.jsx**

```
export const App = () => {
  return (
    <>
      {console.log("TEST")} // 즉, 이렇게 하는 것도 가능
      <h1>안녕하세요!</h1>
      <p>잘 지내시죠?</p>
      <button>버튼</button>
    </>
  );
};
```

이를 바탕으로 버튼을 클릭했을 때 alert가 실행되는 기능을 구현하면 다음과 같습니다.

alert 기능 구현　　　　　　　　　　　　　　　　　　　　　　　　　| **App.jsx**

```
export const App = () => {
  // 버튼 클릭 시 실행되는 함수 정의
  const onClickButton = () => {
    alert();
  };

  return (
    <>
      <h1>안녕하세요!</h1>
      <p>잘 지내시죠?</p>
      <button onClick={onClickButton}>버튼</button>
    </>
  );
};
```

이제 버튼을 클릭하면 브라우저의 alert가 표시됩니다. 위에서 설명한 캐멀 케이스와 = 뒤에는 자바스크립트에서 정의한 함수명을 할당하므로 { }로 감싸서 함수명을 작성합니다. 이것이 리액트에서 이벤트를 할당하는 기본 방법입니다.

스타일 취급 방법

다음으로 스타일(CSS) 취급 방법을 확인해봅니다. 일반적인 HTML/CSS와 마찬가지로 리액트에서도 각 태그에 style 속성을 기술해 스타일을 적용할 수 있습니다. 단, CSS의 각 요소는 자바스크립트 객체로 기술하는 점에 주의 바랍니다. 예를 들어 글자 색을 빨간색으로 변경하는 경우를 보겠습니다.

글자 색을 빨간색으로 변경　　　　　　　　　　　　　　　　　　　| **App.jsx**

```
export const App = () => {
  // ...생략
  return (
    <>
      <h1 style={{ color: "red" }}>안녕하세요!</h1>
```

```
    <p>잘 지내시죠?</p>
    <button onClick={onClickButton}>버튼</button>
  </>
  );
};
```

이벤트와 마찬가지로 style을 지정해 자바스크립트를 작성합니다. style={}과 같이 중괄호로 감싸고 그 안에 객체로 CSS에 대응하는 요소를 지정하기 때문에 style={{}}과 같은 코드가 됩니다(번거롭습니다).

객체에서 CSS를 지정하는 방법은 속성명에 CSS 이름을 입력하고 값을 지정하면 됩니다. 자바스크립트 객체이므로 값은 red가 아니라 "red"로 입력해야 하는 점을 주의합시다. 일반적인 CSS와 동일한 방법으로 작성하면 에러가 발생합니다. 따라서 style={{ color: "red" }}와 같이 지정해야 합니다.

자바스크립트의 객체로 지정할 수 있으므로 당연히 사전에 정의해둔 함수를 할당할 수도 있습니다. 다음은 p 태그의 글자를 파란색으로 변경하고 폰트 크기를 키운 예입니다.

p 태그의 글자 색과 크기 변경 | App.jsx

```
export const App = () => {
  // ...생략

  // CSS 객체
  const contentStyle = {
    color: "blue",
    fontSize: "20px"
  };

  return (
    <>
      <h1 style={{ color: "red" }}>안녕하세요!</h1>
      <p style={contentStyle}>잘 지내시죠?</p>
      <button onClick={onClickButton}>버튼</button>
    </>
  );
};
```

변수를 하나 삽입했지만 작업 자체는 같습니다. 단, `font-size`가 아니라 `fontSize`를 사용했다는 점을 눈여겨봅시다. 자바스크립트 객체 속성명에는 -(하이픈)을 허용하지 않으므로 이벤트처럼 CSS 속성명 역시 모두 캐멀 케이스로 작성합니다.

이와 같은 방법으로 리액트 태그에도 스타일을 적용할 수 있습니다. CSS 파일 로딩 방법이나 CSS-in-JS(자바스크립트 파일 안에서 CSS를 기술) 방법도 있습니다. 이에 관해서는 다음 장에서 설명합니다.

4.5 Props

리액트에서 중요한 개념인 Props를 알아봅시다.

Props

Props는 컴포넌트에 전달하는 인수와 같은 것(그림 4-6)으로, 컴포넌트는 전달받은 Props에 따라 표시하는 스타일과 내용을 변경합니다.

그림 4-6 Props의 개념

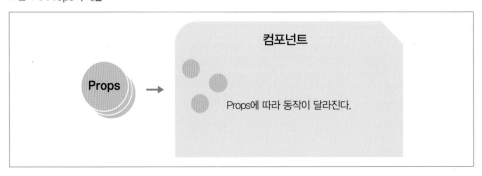

예를 들어 어떤 문자가 표시하는 컴포넌트가 있다고 가정하겠습니다. 흔히 '보통은 검은색 글자, 에러가 발생했을 때는 빨간색 글자'와 같은 사양을 지정합니다. 이때 검은색 글자용 컴포넌트와 빨간색 글자용 컴포넌트를 일부러 만들게 되면 컴포넌트 수가 너무 많아져 모처럼 만든 컴포넌트를 재사용하기 어려운 상태가 됩니다. 이때 어느 정도 동적으로 컴포넌트를 재사용할 수 있도록 Props로 조건을 전달합니다.

Props 학습 준비

Props 학습을 위한 준비 작업으로 앞에서 작성한 코드에 분홍색 글자를 추가해봅니다.

분홍색 글자 추가 | **App.jsx**

```
export const App = () => {
  // ...생략

  // 분홍색용으로 추가
  const contentPinkStyle = {                      ┈┈┈ 추가
    color: "pink",
    fontSize: "20px"
  };

  return (
    <>
      <h1 style={{ color: "red" }}>안녕하세요!</h1>
      <p style={contentStyle}>잘 지내시죠?</p>
      <p style={contentPinkStyle}>잘 지냅니다!</p>  ┈┈┈ 추가
      <button onClick={onClickButton}>버튼</button>
    </>
  );
};
```

이와 같이 작성하면 구현은 되지만 비슷한 style을 작성하는 일은 번거롭고 쓸데없이 코드도 길어지는 결과를 가져옵니다. 이에 대응하는 방법은 색상과 텍스트를 Props로 전달해서 색을 입힌 문자열을 반환하는 컴포넌트를 작성하는 것입니다.

ColoredMessage라는 이름으로 컴포넌트를 만들고, 먼저 파란색으로 '잘 지내시죠?'라고 고정된 출력이 표시되도록 구현해봅니다(components라는 폴더 안에 저장됨).

폴더 구성 현재 구성

```
[프로젝트]
├ public
│  ├ index.html
│  └ (Create React App 실행 시 생성되는 다른 파일들)
├ src
│  ├ components  ◀── 추가
│  │  └ ColoredMessage.jsx  ◀── 추가
│  ├ App.jsx
│  └ index.js
└ package.json 등
```

ColoredMessage.jsx는 App.jsx에서 파란색 스타일과 p 태그 부분을 복사한 것입니다.

p 태그 부분 복사   **| ColoredMessage.jsx**

```jsx
export const ColoredMessage = () => {
  const contentStyle = {
    color: "blue",
    fontSize: "20px"
  };

  return <p style={contentStyle}>잘 지내시죠?</p>;
};
```

App.jsx를 수정해서 ColoredMessage.jsx로 이동한 부분을 삭제하고 ColoredMessage를 임포트해서 표시합니다.

ColoredMessage 임포트   **| App.jsx**

```jsx
import { ColoredMessage } from "./components/ColoredMessage";  ●------추가

export const App = () => {
  const contentStyle = {  ●-
    color: "blue",
    fontSize: "20px"   ┊---------------- 삭제
  };  ●-
```

```
// ...생략

return (
  <>
    <h1 style={{ color: "red" }}>안녕하세요!</h1>
    <p style={contentStyle}>잘 지내시죠?</p>  ●-----------삭제
    <ColoredMessage />  ●--------------------------추가
    <p style={contentPinkStyle}>잘 지냅니다!</p>
    <button onClick={onClickButton}>버튼</button>
  </>
);
};
```

이전과 화면 표시는 달라지지 않지만 '잘 지내시죠?'라는 문자열 부분은 컴포넌트로 만들어진 것을 표시할 수 있게 되었습니다. 다음으로 Props를 전달해 동적으로 변경할 수 있도록 해봅시다.

Props 사용 방법

Props를 사용하려면 Props를 전달하는 쪽의 컴포넌트(App.jsx)와 전달받는 쪽의 컴포넌트 (ColoredMessage.jsx) 모두를 수정해야합니다. 먼저 전달하는 쪽은 다음과 같이 컴포넌트 태그 안에 임의의 이름을 붙여 Props를 전달합니다. 이번 예에서는 색상과 메시지를 Props 로 전달할 것이므로 color와 message로 합니다. 그리고 = 뒤에 실제로 전달할 값을 설정할 수 있습니다.

color와 message를 Prop로 전달 | **App.jsx**

```
// ...생략

return (
  <>
    <h1 style={{ color: "red" }}>안녕하세요!</h1>
    <ColoredMessage /> {  ●-------------------------------삭제
    <ColoredMessage color="blue" message="잘 지내시죠?" />  ●------추가
    <p style={contentPinkStyle}>잘 지냅니다!</p>
```

4장 리액트 기본   **113**

```
      <button onClick={onClickButton}>버튼</button>
    </>
  );
};
```

그럼 Props를 전달받는 쪽에서 Props의 내용을 확인해봅니다. 컴포넌트에는 Props가 객체로
전달되므로 임의의 이름(일반적으로는 props)으로 받습니다.

Props를 객체로 받음

```
export const ColoredMessage = () => {  ●----------------- 삭제
export const ColoredMessage = (props) => {  ●┐
  console.log(props);                       ┆----------- 추가
  // {color: "blue", message: "잘 지내시죠?"}
  const contentStyle = {
    color: "blue",
    fontSize: "20px"
  };

  return <p style={contentStyle}>잘 지내시죠?</p>;
};
```

이렇게 부모 컴포넌트가 전달한 Props를 객체로 받는 것을 확인할 수 있습니다. 다음으로 색
상과 메시지 부분을 전달받은 Props를 이용하도록 변경해봅니다(console.log는 삭제).

Props를 사용할 수 있는 형태로 변경

```
export const ColoredMessage = (props) => {
  console.log(props);  ●----------------- 삭제
  const contentStyle = {
    color: "blue",  ●--------------------- 삭제
    color: props.color,  ●--------------- 추가
    fontSize: "20px"
  };

  return <p style={contentStyle}>잘 지내시죠?</p>;  ●------------- 삭제
  return <p style={contentStyle}>{props.message}</p>;  ●-------- 추가
};
```

style의 color 값을 Props로 전달받은 것을 설정하도록 변경하고 p 태그 안의 문자에 Props 의 message를 설정합니다. JSX 안에서 자바스크립트를 기술하므로 { }로 감싸는 것에 주의합니다.

이제 동적으로 색과 문자를 변경할 수 있는 컴포넌트를 만들었습니다. 그럼 분홍색 글자도 표시할 수 있는지 확인해봅니다(App.jsx에서는 style과 관련된 코드를 모두 없앨 수 있습니다).

화면 표시 확인 | **App.jsx**

```
import { ColoredMessage } from "./components/ColoredMessage";

export const App = () => {
  // 버튼 클릭 시 실행하는 함수 정의
  const onClickButton = () => {
    alert();
  };

  // 분홍색용 추가
  const contentPinkStyle = {            ●┐
    color: "pink",                        ├───── 삭제
    fontSize: "20px"                    ●┘
  };

  return (
    <>
      <h1 style={{ color: "red" }}>안녕하세요!</h1>
      <ColoredMessage color="blue" message="잘 지내시죠?" />
      <p style={contentPinkStyle}>잘 지냅니다!</p>   ●───────────── 삭제
      <ColoredMessage color="pink" message="잘 지냅니다!" />   ●─────── 추가
      <button onClick={onClickButton}>버튼</button>
    </>
  );
};
```

이와 같이 변경한 뒤 지금까지의 화면 표시와 변화가 없는 것을 확인합니다. 이것이 기본적인 Props 사용 방법입니다. 코드도 단순해지고 가독성도 높아집니다.

children

Props에는 지금까지 태그 안에서 임의의 이름을 설정했습니다. 그 이외에 특별한 Props로 children이 있습니다. 컴포넌트도 일반적인 HTML 태그와 마찬가지로 다음과 같이 임의의 요소를 감싸서 사용할 수 있습니다. 이 둘러싸인 부분이 children으로 Props에 설정됩니다.

children 설정
```
// children이 설정되지 않음
<ColoredMessage />

// children으로 nushida를 설정
<ColoredMessage>nushida</ColoredMessage>
```

ColoredMessage는 일반적으로 p 태그처럼 사용 가능하며 다른 사람이 코드를 확인할 때 더욱 이해하기가 쉽습니다. 따라서 텍스트 부분을 children으로 전달한 것처럼 수정해봅니다.

텍스트를 children으로 전달 | **App.jsx**

```jsx
// ...생략

return (
  <>
    <h1 style={{ color: "red" }}>안녕하세요!</h1>
    <ColoredMessage color="blue" message="잘 지내시죠?" />  •------------삭제
    <ColoredMessage color="blue">잘 지내시죠?</ColoredMessage>  •--------추가
    <ColoredMessage color="pink" message="잘 지냅니다!" />  •------------삭제
    <ColoredMessage color="pink">잘 지냅니다!</ColoredMessage>  •--------추가
    <button onClick={onClickButton}>버튼</button>
  </>
);
};
```

children으로 메시지 받기 | **ColoredMessage.jsx**

```jsx
export const ColoredMessage = (props) => {
  const contentStyle = {
    color: props.color,
    fontSize: "20px"
```

```
  };

  // props.children으로 변경
  return <p style={{contentStyle}}>{props.message}</p>;  ●----------삭제
  return <p style={{contentStyle}}>{props.children}</p>;  ●---------추가
};
```

이제 텍스트 메시지는 children을 사용해 전달할 수 있게 되었습니다. 또한 children은 이렇게 간단한 문자는 물론 다음과 같이 태그로 감싼 요소를 묶어서 전달할 수도 있습니다.

📋 **children에 큰 요소를 전달**

```
<SomeComponent>
  <div>
    <span>nushida</span>
    <p>sakioka</p>
  </div>
</SomeComponent>

// SomeComponent의 children에는 다음을 전달
<div>
  <span>nushida</span>
  <p>sakioka</p>
</div>
```

복잡한 컴포넌트를 조합할 때 반드시 필요한 지식이므로 기억해둡시다.

Props를 다루는 기술

지금까지 기본적인 Props 사용법을 알아봤습니다. 마지막으로 Props를 다루는 기술을 소개합니다. 2장에서 학습한 분할 대입과 객체 생략 표기법을 활용합니다.

현재 상태의 ColoredMessage의 코드를 보면 Props를 다룰 때 매번 props.~와 같이 코드를 작성함을 알 수 있습니다.

```jsx
export const ColoredMessage = (props) => {
  const contentStyle = {
    color: props.color,
    fontSize: "20px"
  };

  return <p style={contentStyle}>{props.children}</p>;
};
```

이 정도의 코드에서는 그렇게 문제가 되지 않지만 같은 Props를 여러 차례 사용할 때나 Props의 수가 많을 때는 매번 props.~라고 표기하는 것이 번거롭습니다. 처음 단계에서 Props를 분할 대입해두면 코드를 간략하게 만들 수 있습니다.

Props 분할 대입 | **ColoredMessage.jsx**

```jsx
export const ColoredMessage = (props) => {
  // Props 분할 대입
  const { color, children } = props;

  const contentStyle = {
    color: color, // props. 불필요
    fontSize: "20px"
  };

  // ↓ props. 불필요
  return <p style={contentStyle}>{children}</p>;
};
```

처음에 Props에서 요소를 추출함으로써 그 이후의 표기를 줄일 수 있습니다. 그리고 Props를 추출함으로써 contentStyle의 color는 속성명과 설정값이 같아지므로 다음과 같이 객체 생략 표기법 규칙에 따라 줄여서 쓸 수 있습니다.

생략 표기법 규칙에 따라 작성 | **ColoredMessage.jsx**

```jsx
// ...생략
const contentStyle = {
```

```
    color, // ← 생략 표기법 사용 가능
    fontSize: "20px"
  };

  // ...생략
};
```

이렇게 Props를 전개해서 다루는 것도 가능하므로 잘 활용하기 바랍니다. Props 취급 방법은 프로젝트별로 규칙을 정하고 프로젝트 안에서 통일하는 것을 권장합니다. 참고로 다음과 같이 인수 단계에서 전개하는 패턴을 사용하기도 합니다.

인수 단계에서 전개하는 패턴 | **ColoredMessage.jsx**

```
// 인수의 ( ) 단계에서 분할 대입
export const ColoredMessage = ({ color, children }) => {
  const contentStyle = {
    color,
    fontSize: "20px"
  };

  return <p style={contentStyle}>{children}</p>;
};
```

처음 보면 자칫 혼란해하기 쉽지만 어떤 패턴이든 하는 일은 동일하므로 침착하게 코드를 읽어보기 바랍니다.

Props를 destructure한다?

 이번에는 Props를 분할 대입해서 다루는 예를 소개했어요. 하지만 분할 대입을 하지 않는 것 역시 선택지 중 하나예요. props.~가 있으면 코드를 읽을 때 'Props에서 전달된 값이구나'하고 바로 알 수 있는 장점도 있어요.

 아하, 프로젝트 규칙이나 기호에 따라 사용하는 거네요.

맞아요. 이런 경우가 대화나 기술 포스팅에 'Props를 destructure한다'라는 문장으로 등장하기 때문에 기억해두는 것도 좋아요.

 destructure한다? 그게 뭔가요?

 분할 대입 여부를 말해요. 분할 대입은 영어로 destructuring assignment니까 분할 대입하는 것을 destructure한다고 표현하는 거예요.

 그렇군요! Props를 destructure하는 문제, 기억해두겠습니다!

4.6 State(useState)

리액트 개발에서는 화면에 표시하는 데이터나 길이가 변하는 상태 등을 모두 State로 관리합니다. 가장 중요한 내용이므로 확실히 익혀두길 바랍니다.

State

Props에 이어 리액트에서 중요한 개념이 State입니다. 이름 그대로 컴포넌트의 상태를 나타내는 값입니다(그림 4-7).

그림 4-7 State의 개념

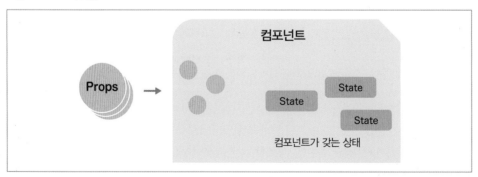

웹 애플리케이션을 만들 때 화면은 다양한 상태를 가집니다. 화면 상태 예는 다음과 같습니다.

- 에러가 있는가?

- 모달 창을 열고 있는가?

- 버튼을 클릭했는가?

- 텍스트 박스에 무언가를 입력했는가?

이와 같이 '상태'는 모두 State로 관리하며 이벤트가 실행되는 경우 등에 업데이트 처리를 수행함으로써 동적 애플리케이션을 구현합니다. 그럼 실제로 코드를 작성하면서 State를 다뤄봅시다.

useState

현재 주류인 함수 컴포넌트에서는 리액트 훅^{React Hook}으로 통칭되는 기능들 중 useState라는 함수를 사용해 State를 다룹니다. useState는 리액트 안에서 제공되므로 사용할 때는 다음과 같이 import해야 합니다.

> **서식** **useState import**

```
import { useState } from "react";
```

그리고 useState 함수 반환값은 배열 형태로 첫 번째에 State 변수, 두 번째에 그 State를 업데이트하기 위한 함수가 설정됩니다.

> **서식** **useState 사용 예**

```
const [num, setNum] = useState();
```

이때 num이 상태를 가진 변수가 되고 setNum이 상태를 업데이트하는 함수가 됩니다. 그리고 useState는 함수이므로 사용할 때는 ( )를 붙여 함수를 실행합니다.

배열의 분할 대입에서 학습한 것처럼 명칭은 자유롭게 붙일 수 있습니다. 하지만 암묵적인 규칙을 적용해 예제처럼 변수명이 num이면 업데이트 함수명은 setNum과 같이 붙입니다.

예제에서 num의 초깃값은 undefined이지만 State 변수에 초깃값을 설정하는 경우도 많습니다. 그때는 useState 함수를 실행할 때 인수를 지정합니다.

서식 **State 초깃값 설정 방법**

```
const [num, setNum] = useState(0);
```

이렇게 값을 지정함으로써 State 초깃값을 제어할 수 있습니다. 그럼 지금까지 구현한 App.jsx
에 수치 State를 정의해서 화면에 표시하고 버튼 클릭 시 카운트업하는 기능을 구현해보겠습
니다.

카운트업 기능 구현 | App.jsx

```jsx
import { useState } from "react"; ●------------추가
import { ColoredMessage } from "./components/ColoredMessage";

export const App = () => {
  // State 정의
  const [num, setNum] = useState(0); ●----------추가

  // 버튼 클릭 시 State를 카운트업
  const onClickButton = () => {
    alert(); ●-----------------------------삭제
    setNum(num + 1); ●------------------------추가
  };

  return (
    <>
      <h1 style={{ color: "red" }}>안녕하세요!</h1>
      <ColoredMessage color="blue">잘 지내시죠?</ColoredMessage>
      <ColoredMessage color="pink">잘 지냅니다!</ColoredMessage>
      <button onClick={onClickButton}>버튼</button>
      <p>{num}</p> ●----------------------------추가
    </>
  );
};
```

이 프로그램의 초기 표시는 [그림 4-8]과 같습니다. 그리고 버튼을 다섯 번 클릭했을 때는 [그
림 4-9]와 같은 화면이 됩니다.

그림 4-8 초기 표시

그림 4-8 초기 표시

안녕하세요!

건강하시죠?

건강합니다!

[버튼]

0

그림 4-9 다섯 번 클릭한 뒤

안녕하세요!

건강하시죠?

건강합니다!

[버튼]

5

버튼 클릭 시 setNum 함수에서 State의 값을 1씩 증가시키므로(+1) 화면에 표시한 State값이 카운트업됩니다. 매우 간단한 예지만 기본적인 State 사용 방법은 이것이 전부입니다. 수치 외에도 자바스크립트에서 변수로 다루는 문자열, 논릿값(true/false), 배열, 객체 등 무엇이든 State로 관리할 수 있습니다. 구체적인 State 사용 방법은 이어지는 장에서 순서대로 설명합니다.

> 도와주세요
> **선배님!** useState 업데이트 함수 안의 함수?
>
> 방금 예제에서 setNum(num + 1)을 써서 카운트업을 구현했지만 엄밀하게 따지면 바른 방법이 아니에요.
>
> 실행은 잘되지만 쓰면 안 된다는 건가요?
>
> '엄밀하게'요. 현재 State값에 따라 State를 업데이트 할 때는 set 함수 안에서 함수를 지정하는 것이 좋아요. 예를 들어 앞의 예는 다음과 같이 처리할 수 있지요.

set 함수 안에서의 함수 지정

```
setNum((prev) => prev + 1);
```

 괄호 안에 함수를 기술하면 해당 함수의 인수에 '업데이트 직전의 해당 State값'이 전달되니까 그 값에 1을 더해서 같은 결과를 구현할 수 있어요. 원래의 기술 방법과 동작의 차이가 궁금하다면 set 함수를 호출하는 행을 두 번 연속해서 작성한 뒤 동작 차이를 확인해봐요!

4.7 재렌더링과 부작용(useEffect)

앞에서 Props와 State에 관해 설명했습니다. 리액트 개발의 시작점에 서기 위해서는 재렌더링과 부작용도 알아야 합니다. 코드를 보면서 설명하겠습니다.

재렌더링

버튼을 클릭해서 State를 카운트업했을 때, 화면을 새로고침하지 않았는데도 수치가 바뀌고 화면 표시가 업데이트되었을 것입니다. 이는 컴포넌트가 재렌더링되었기 때문입니다. 시험 삼아 함수 컴포넌트 안에서 콘솔 출력 처리를 기술하고 카운트업을 해봅시다.

콘솔 출력 처리 | **App.jsx**

```
// ...생략
export const App = () => {
  console.log("렌더링");  ●--------- 추가

  const [num, setNum] = useState(0);

  // ...생략
};
```

가장 처음 화면을 표시할 때 렌더링이라고 콘솔에 출력되며 카운트업할 때마다 렌더링이 추

가로 출력될 것입니다. 'State가 변경될 때 함수 컴포넌트는 다시 처음부터 처리가 실행되고 State가 변경되면 다시 처음부터...'를 계속 반복하면서 차이가 있는 DOM을 감지하고 업데이트를 반영해서 화면을 표시합니다. 이와 같이 '변경을 감지하고 컴포넌트를 다시 처리'하는 것을 재렌더링이라 부릅니다.

Point

참고로 매번 컴포넌트를 처음부터 실행한다 하더라도 맨 처음의 렌더링(컴포넌트의 마운트)과 재렌더링은 다릅니다. useState의 괄호로 설정한 초깃값은 마운트 시에만 적용되며 매번 초기화되지는 않습니다.

재렌더링이 되는 조건은 설명한 것처럼 'State가 변경되었을 때' 외에도 몇 가지가 있습니다. 자세한 내용은 6장에서 설명합니다. 지금은 'State 업데이트 시 컴포넌트가 재렌더링되어 함수 컴포넌트가 다시 처음부터 실행된다'는 것을 기억하기 바랍니다.

부작용과 useEffect

이어서 리액트 훅 기능 중 하나인 useEffect에 관해 설명합니다. useEffect는 컴포넌트의 부작용을 제어하는 기능입니다. useState와 마찬가지로 리액트로 import합니다.

서식 useEffect 초깃값 설정 방법

```
import { useEffect } from "react";
```

다음 구문으로 사용할 수 있습니다.

서식 useEffect 선언

```
useEffect(실행하는 함수[, 의존하는 값]);
```

'이것으로 뭘 할 수 있나' 싶을 것입니다. 문장으로 풀면 useEffect의 역할은 어떤 값이 변했을 때에 한해서만 어떤 처리를 실행하는 기능을 합니다. 예를 들어 num이라는 State의 값이 변했을 때만 경고를 표시하고 싶은 경우에는 다음과 같이 작성합니다.

State의 값이 변했을 때만 경고 표시

```
export const App = () => {

  useEffect(() => {
    alert();
  }, [num]);

  return (
    {/* 생략 */}
  );
};
```

첫 번째 인수에는 화살표 함수로 처리를 기술하고 두 번째 인수는 반드시 배열로 지정합니다. 여럿을 지정할 때는 [num, num2]와 같이 기술합니다.

useEffect는 의존 배열에 지정한 값이 변했을 때와 더불어 컴포넌트 마운트 시(가장 처음)에도 반드시 실행된다는 점에 주의해야 합니다. 그러므로 useEffect의 두 번째 인수에 []를 지정하면 '가장 처음 컴포넌트를 표시할 때만 실행되는 처리'를 의미합니다. 화면을 표시하고 초기 데이터를 얻을 때 등에 자주 사용됩니다.

이런 기능이 존재하는 이유는 앞에서 설명한 것처럼 컴포넌트가 재렌더링을 몇 번이고 반복하기 때문입니다. State 수가 많아지면 재렌더링 횟수도 늘어납니다. 따라서 재렌더링할 때마다 처리를 실행하는 것은 비용(시간)을 낭비하게 되므로 값이 변했을 때만 실행하고 싶은 경우가 생깁니다. 이런 부작용을 제어하고자 할 때 useEffect를 사용하기 바랍니다.

4.8 export 종류

마지막으로 export의 종류에 관해 설명합니다. 지금까지 다룬 export(편의상 normal export라 부릅니다)는 다음과 같이 사용했습니다.

서식 **export 측(normal export)**

```
export const SomeComponent = () => {};
```

import 측(normal export)

```
import { SomeComponent } from "./SomeComponent";
```

normal export 외에 default export라는 것도 있습니다. default export는 다음과 같이 사용합니다.

export 측(default export)

```
const SomeComponent = () => {};
export default SomeComponent;
```

import 측(default export)

```
import SomeComponent from "./SomeComponent";
```

export 측은 export default ~라는 형태로 지정하고 import 측은 {} 없이 임의의 이름을 붙여서 import할 수 있습니다. 객체의 분할 대입을 떠올리면 쉽게 알 수 있을 것입니다. normal export는 import로 지정한 파일 안에 일치하는 명칭의 export 대상이 존재하지 않으면 에러가 발생합니다.

export 측(normal export 에러)

```
export const SomeComponent = () => {};
```

import 측(normal export 에러)

```
// 명칭이 달라 에러가 발생한다.
import { Some } from "./SomeComponent";
```

한편 default export는 import 시 임의의 명칭을 붙일 수 있습니다. 또한 파일 한 개에서 한 번만 사용할 수 있습니다. 따라서 해당 파일의 내용을 모두 모아서 export하는 경우에 사용합니다.

export 측(default export)

```
const SomeComponent = () => {};
export default SomeComponent;
```

import 측(default export)

```
// 에러가 발생하지 않는다.
import Some from "./SomeComponent";
```

어느 쪽을 사용해도 문제는 없지만 기본적으로 리액트 컴포넌트에서는 normal export를 사용하는 것이 좋습니다. 위와 같이 import 시 명칭을 잘못 입력하고도 알아채지 못하거나, 의도하지 않은 것을 import할 가능성이 있기 때문입니다. 또한 normal import로 명칭을 바꾸어서 다루고 싶을 때는 다음과 같이 as를 사용해 별칭을 붙일 수도 있습니다.

 as

```
// Some이라는 이름으로 컴포넌트를 사용할 수 있다.
import { SomeComponent as Some } from "./SomeComponent";
```

export는 컴포넌트뿐만 아니라 일반적인 함수나 변수 등에도 사용할 수 있으므로 이 규칙을 잘 파악하고 사용하기 바랍니다.

4.9 정리

- 리액트(JSX) 규칙
  - return 이후는 태그 한 개로 감싼다.
  - 이벤트나 스타일은 캐멀 케이스로 기술한다.
  - return 이후에 자바스크립트 코드를 쓸 때는 { }를 사용한다.
- 함수로 '컴포넌트'를 만들고 조합해서 화면을 만든다.
- 컴포넌트에 전달하는 인수와 같은 값을 Props라 부른다.
- 컴포넌트가 가진 다양한 상태를 State라 부른다.

- 재렌더링하면 컴포넌트 처음부터 다시 코드가 실행된다.
- 두 개의 리액트 훅을 기억하자.
  - useState
  - useEffect
- 두 export의 차이를 파악하자.

리액트와 CSS

리액트 개발에서 CSS 적용 방법은 4장에서 소
개한 스타일 객체 외에도 다양합니다. 각각의 특
징이나 사용법을 익히고 적절하게 선택해서 사용
해봅시다.

리액트 기본을 학습한 나와 고토 씨는 서로 여러 차례 확인하면서 복습했다.

음, 이 값은 변하는 상태니까 State로 정의하고... 업데이트하는 처리는...

누시다 선배, 여기 틀렸어요! 태그 안에서 자바스크립트를 쓸 때는 중괄호로 감싸지 않으면 단순한 문자열이 됩니다!

아, 진짜네! 고토 씨도 marginTop이 아니라 margin-top이라고 입력했어.

그래서인가! 어쩐지 스타일이 적용되지 않는다고 생각했어요! 역시 선배!!

변함없이 의욕 가득한 후배를 대하는 것도 상당히 익숙해졌다.

그런데 정말 이런 코드로 대규모 웹 애플리케이션을 만들 수 있는 걸까요?

응? 무슨 말이야?

실제 웹 애플리케이션은 더 다양한 컴포넌트로 나뉘어져 있어 복잡한 CSS를 사용해야 하지 않나요?

아마도 그렇겠지.

스타일을 조금만 적용하는 것인데도 객체에서 CSS를 작성하는 것은 귀찮... 어려운 일이잖아요. 예를 들면 기존 시스템에서 교체할 때 원래 CSS 파일이 있다고 해도 전부 js 파일로 가져와서 캐멀 케이스로 변환해야 하니까요.

음, 리액트는 안 그럴 것 같은데?

확실히 그렇다. 지금까지 개발하던 것과 작성 방법이 달라서 CSS 담당자와 협업하는 형태를 상상할 수 없다. 정답을 모른 채 생각에 빠져 있는 우리를 보고 있었던 것일까? 여신님이 만족스러운 미소를 머금고 다가왔다.

 꽤 하는 걸요? 리액트는 어때요? 뭐가 그렇게 고민되는 건가요?

우리는 이야기를 나누고 있던 'CSS 문제'에 관해 상담했다.

 그렇네요. 좋은 의문이에요. 혼란스러울까 봐 미리 알려주지 않았지만 리액트에서의 CSS 적용 방법은 다양해요. 특징도 제각각이고 자바스크립트 파일 안에서 보통의 CSS를 작성하는 방법도 있어요.

 다양하다면 두 가지 정도일까요?

 세세한 라이브러리를 포함하면 숫자를 셀 수 없을 정도예요. 중요한 패턴으로도 다섯, 여섯 종류는 될 거예요!

 그렇게나! 주로 쓰는 방법 몇 가지만 알 수는 없나요?

 이게 회사나 프로젝트마다 달라요. 저는 항상 'CSS 어떻게 할까 문제'라고 부르고 있지만요. 그래서 두 사람에게는 선택지를 늘려주기 위해 주요한 CSS 작성 방법을 한번 설명해주려고 해요.

CSS 하나만으로도 작성 방법이나 파생이 다양한 것 같았다. 조금 귀찮다고 생각하면서도 리액트를 마스터하기 위해서는 피할 수 없는 길이므로 기합을 넣고 도전하기로 했다.

5.1 Inline Styles

먼저 복습으로 지금까지 다루었던 CSS 적용 방법을 다시 확인해보겠습니다. 일반적으로 다음과 같은 CSS 기술법은 Inline styles(인라인 스타일)이라 부릅니다. 자바스크립트 객체 형태로 CSS 속성과 값을 지정하고 태그의 **style**에 설정함으로써 스타일을 적용할 수 있습니다.

직접 기술

```
return (
  <div style={{ width: "100%", padding: "16px" }}>
    <p style={{ color: "blue", textAlig누: "center" }}>Hello World!!</p>
  </div>
)
```

사전 정의 후 지정

```
const containerStyle = {
  width: "100%",
  padding: "16px",
};
const textStyle = {
  color: "blue",
  textAlign: "center",
};

return (
  <div style={containerStyle}>
    <p style={textStyle}>Hello World!!</p>
  </div>
)
```

인라인 스타일을 사용할 때는 다음에 주의해야 합니다.

- 속성명은 캐멀 케이스로 한다.

  예 text-align → textAlign

- 값은 문자열 또는 수치

  예 color: "blue", margin: 0

- 복잡해지기 쉬우므로 과도하게 사용하지 않는다.

인라인 스타일만 사용해 애플리케이션을 만드는 것이 불가능하지는 않지만 대단히 어렵기 때문에 기본적으로는 뒤에서 설명할 스타일링 방법을 몇 가지 사용합니다.

5.2 CSS Modules

먼저 CSS Modules에 관해 설명합니다. 기존의 웹 개발과 마찬가지로 .css나 .scss 파일을 정의하는 방법이며 디자이너와 함께 협업하는 환경에서 효과를 얻을 수 있는 선택지입니다. 한 가지 다른 점은 리액트 개발의 경우 컴포넌트별로 CSS 파일을 제공하는 경우가 많다는 것을 들 수 있습니다.

사전 준비

실제 코드에서 확인해봅시다. 먼저 CssModules.jsx라는 이름의 컴포넌트를 만듭니다.

사전 준비 | **CssModules.jsx**

```
export const CssModules = () => {
  return (
    <div>
      <p>CSS Modules입니다</p>
      <button>버튼</button>
    </div>
  );
};
```

이 상태에서는 특별한 스타일이 적용되지 않으므로 [그림 5-1]과 같이 표시됩니다.

그림 5-1 스타일 적용 전

CSS Modules입니다

버튼

다음으로 필요한 모듈을 추가합니다. 여기에서는 .scss 형식으로 작성할 것이므로 거기에 필요한 node-sass를 NPM에서 설치합니다.

| CodeSandbox에서 설치 |
메뉴의 Dependencies에 node-sass를 입력하고 선택해서 설치합니다.

그림 5-2 CodeSandbox에서 node-sass 설치

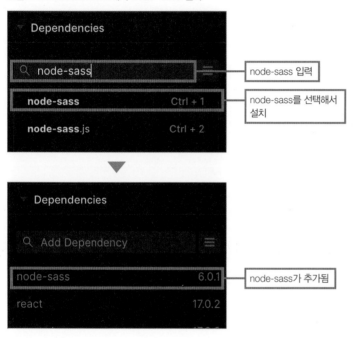

| npm 또는 yarn에서 설치 |
npm 또는 yarn에서는 각각 다음 명령어를 실행합니다.

▼ npm
```
npm install node-sass
```

▼ yarn
```
yarn add node-sass
```

이것으로 사전 준비를 완료했습니다.

CSS Modules 사용

컴포넌트와 대응하는 형태로 CSS 파일을 만듭니다. 예제에서는 .scss로 작성하지만 .css로 작성해도 문제없습니다. 이때 **파일명.module.scss**라는 명칭을 사용해야 하는 점을 유의 바랍니다. 다음과 같이 세 개의 클래스를 가진 SCSS 파일을 정의합니다.

SCSS 파일 정의　　　　　　　　　　　　　　　　　　　　　　|CssModules.module.scss

```scss
.container {
  border: solid 1px #aaa;
  border-radius: 20px;
  padding: 8px;
  margin: 8px;
  display: flex;
  justify-content: space-around;
  align-items: center;
}
.title {
  margin: 0;
  color: #aaa;
}
.button {
  background-color: #ddd;
  border: none;
  padding: 8px;
  border-radius: 8px;
  &:hover {
    background-color: #aaa;
    color: #fff;
    cursor: pointer;
  }
}
```

정의한 스타일은 색과 여백을 조정하고 텍스트와 버튼을 가로로 배열합니다. 그리고 scss 표기법을 사용할 수 있으므로 &:hover로 버튼에 마우스 커서를 올렸을 때 색과 포인터가 바뀌도록 설정합니다. 이 클래스들을 사용하는 컴포넌트는 다음과 같습니다.

```jsx
import classes from "./CssModules.module.scss";

export const CssModules = () => {
  return (
    <div className={classes.container}>
      <p className={classes.title}>CSS Modules입니다</p>
      <button className={classes.button}>버튼</button>
    </div>
  );
};
```

임의의 이름(예제에서는 classes)으로 CSS를 import하고 각 태그의 className 속성에 정의한 클래스를 지정하면 [그림 5-3]과 같은 스타일을 적용할 수 있습니다.

그림 5-3 스타일 적용 후

그리고 마우스 커서를 올렸을 때의 스타일도 [그림 5-4]와 같이 확실하게 반영됩니다.

그림 5-4 마우스 커서를 올렸을 때

이렇게 기존의 웹 개발과 비교적 유사한 느낌으로 CSS를 적용할 수 있는 것이 CSS Modules의 장점입니다. 그리고 CSS 클래스명의 스코프는 컴포넌트 안으로 한정됩니다. 예를 들어 다른 컴포넌트에서 container라는 같은 이름으로 클래스명을 정의해도 충돌하지 않으므로(리액트가 고유한 클래스명을 출력하도록 접두사를 부여함) 이름을 정하기 위해 신경 쓰지 않아도 됩니다.

5.3 Styled JSX

이어서 Styled JSX를 설명합니다. Styled JSX를 적극적으로 채용하는 팀은 그리 많지 않으나 리액트 프레임워크로 유명한 Next.js에 표준으로 내장되어 있는 라이브러리이므로 함께 소개합니다. CSS-in-JS라는 컴포넌트 파일에 CSS를 기술하는 라이브러리입니다.

사전 준비

앞에서와 마찬가지로 StyledJsx.jsx라는 이름의 컴포넌트를 만듭니다.

사전 준비 | StyledJsx.jsx

```
export const StyledJsx = () => {
  return (
    <div>
      <p>Styled JSX입니다</p>
      <button>버튼</button>
    </div>
  );
};
```

다음으로 필요한 모듈을 추가합니다. Styled JSX를 사용하기 위해 필요한 styled-jsx를 NPM에서 설치합니다.

| CodeSandbox에서 설치 |

메뉴의 Dependencies에 styled-jsx를 입력하고 선택해서 설치합니다.

그림 5-5 CodeSandbox에서 styled-jsx 설치

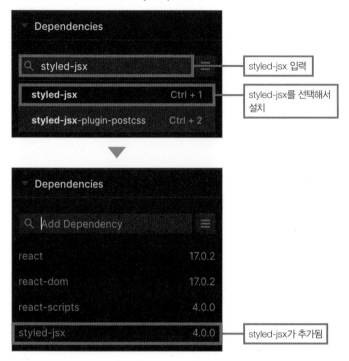

| npm 또는 yarn에서 설치 |

npm 또는 yarn의 경우는 각각 다음 명령어를 실행해서 설치합니다.

▼ npm

```
npm install styled-jsx
```

▼ yarn

```
yarn add styled-jsx
```

이것으로 사전 준비를 마쳤습니다.

Styled JSX 사용

Styled JSX에서는 컴포넌트 안에 CSS를 기술합니다. 앞에서와 같은 CSS를 Styled JSX에 적용한 코드는 다음과 같습니다.

```
export const StyledJsx = () => {
  return (
    <>
      <div className="container">
        <p className="title">Styled JSX입니다</p>
        <button className="button">버튼</button>
      </div>

      <style jsx>{`
        .container {
          border: solid 1px #aaa;
          border-radius: 20px;
          padding: 8px;
          margin: 8px;
          display: flex;
          justify-content: space-around;
          align-items: center;
        }
        .title {
          margin: 0;
          color: #aaa;
        }
        .button {
          background-color: #ddd;
          border: none;
          padding: 8px;
          border-radius: 8px;
        }
      `}</style>
    </>
  );
};
```

[그림 5-6]과 같이 스타일이 적용된 것을 확인합니다.

그림 5-6 스타일 적용 후

| Styled JSX입니다 | 버튼 |

Styled JSX는 컴포넌트 안에서 style 태그를 사용해 CSS를 기술합니다.

서식 **style 태그 사용 방법**

```
<style jsx>{`
  /* 여기에 CSS를 기술한다. */
`}</style>
```

---

style 태그에는 jsx 표기를 사용해야 합니다. 그리고 JSX 표기법에서는 return 이후를 한 개의 태그로 감싸지 않으면 에러가 발생하므로 가장 바깥쪽을 프래그먼트(<></>)로 감쌉니다.

button 클래스에는 hover를 지정하지 않았습니다. Styled JSX 표기법에서는 디폴트로 SCSS 표기법은 사용할 수 없다는 점을 주의 바랍니다(사용할 때는 별도 라이브러리를 설치 및 설정해야 합니다).

이를 종합하면 Styled JSX는 순수한 리액트 프로젝트에 억지로 맞춰 사용하는 것보다는 Next.js에서 작성한 프로젝트에 CSS-in-JS 방식을 사용하는 경우 효과적이라고 볼 수 있습니다.

도와주세요
선배님!

Next.js가 뭔가요??

 Next.js는 현재 가장 인기를 얻고 있는 프런트엔드 프레임워크예요. Next를 만든 Vercel 사가 현재 전 세계 프런트엔드를 이끌고 있다고 해도 과언이 아니죠! 리액트 기반이기 때문에 리액트로 프로젝트를 시작할 때는 가장 먼저 Next 사용 여부부터 결정할 정도예요.

 Next를 사용할 때의 장점은 무엇인가요?

 여러 가지 장점이 있죠. 라우팅(화면 이동 처리)을 간단하게 할 수 있고 성능적인 면도 기본적으로 최적화되어 있어요. SSR^Server Side Rendering(서버 사이드 렌더링), SG^Static Generation(정적 생성) 그리고 최근에는 ISR^Incremental Static Regeneration(점진적 정적 재생성)도 사용할 수 있어서 성능이 굉장히 좋아요.

SS..?? 네??

 뭐, 지금은 우선 리액트에만 집중해요. 어느 정도 이해한 뒤 Next를 다루면 그 차이도 알 수 있을 거예요.

*이 책에서 Next.js까지는 다루지 않습니다. 리액트를 어느 정도 파악했다면 꼭 Next.js도 살펴보기 바랍니다.

5.4 styled components

이어서 styled components에 관해 설명합니다. styled components는 큰 인기를 얻고 있는 라이브러리이며 이를 채용한 프로젝트도 많습니다. 스타일을 적용한 컴포넌트를 정의할 수 있다는 점이 큰 특징입니다. styled components도 CSS-in-JS라 불리는 컴포넌트 파일에 CSS를 기술한 라이브러리입니다.

사전 준비

앞에서와 같이 `StyledComponents.jsx`라는 이름의 컴포넌트를 만듭니다.

사전 준비 | **StyledComponents.jsx**

```jsx
export const StyledComponents = () => {
  return (
    <div>
      <p>styled components입니다</p>
      <button>버튼</button>
    </div>
  );
};
```

다음으로 필요한 모듈을 추가합니다. styled components를 사용할 때 필요한 `styled-components`를 NPM에서 설치합니다.

| CodeSandbox에서 설치 |

메뉴의 Dependencies에 styled-components를 입력하고 선택해서 설치합니다.

그림 5-7 CodeSandbox에서 styled-components를 설치

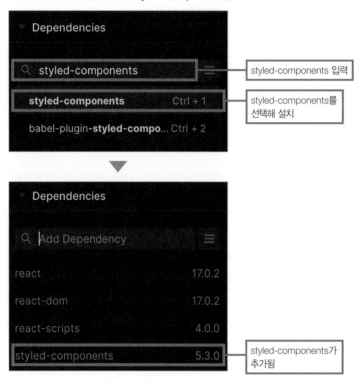

| npm 또는 yarn에서 설치 |

npm 또는 yarn에서는 다음 명령어를 각각 실행합니다.

▼ npm

```
npm install styled-components
```

▼ yarn

```
yarn add styled-components
```

이것으로 사전 준비를 완료했습니다.

styled components 사용

styled components는 컴포넌트 안에 CSS를 기술합니다. 단 지금까지와 달리 className에 클래스를 지정하는 것이 아니라 스타일을 적용한 컴포넌트를 정의합니다. 예를 들어 padding 을 설정한 div 태그를 사용할 때는 다음과 같이 정의합니다.

div 태그

```
import styled from "styled-components";

const StyledDiv = styled.div`
  padding: "8px";
`;
```

그리고 다음과 같이 정의함으로써 일반적인 div 태그와 마찬가지로 사용할 수 있습니다.

StyledDiv 사용 예

```
<StyledDiv>
  <p>이렇게 사용할 수 있습니다</p>
</StyledDiv>
```

styled. 뒤에 HTML에 존재하는 각 태그를 지정함으로써 해당 태그를 확장한 형태로 스타 일을 적용할 수 있습니다. 그다음은 백틱(`)으로 감싸서 Styled JSX와 마찬가지로 일반적인 CSS와 동일하게 기술합니다. 스타일 적용에 따른 차이를 확인해봅시다.

스타일 적용 | StyledComponents.jsx

```
import styled from "styled-components";

export const StyledComponents = () => {
  return (
    <SContainer>
      <STitle>styled components입니다</STitle>
      <SButton>버튼</SButton>
    </SContainer>
  );
};
```

```
const SContainer = styled.div`
  border: solid 1px #aaa;
  border-radius: 20px;
  padding: 8px;
  margin: 8px;
  display: flex;
  justify-content: space-around;
  align-items: center;
`;
const STitle = styled.p`
  margin: 0;
  color: #aaa;
`;
const SButton = styled.button`
  background-color: #ddd;
  border: none;
  padding: 8px;
  border-radius: 8px;
  &:hover {
    background-color: #aaa;
    color: #fff;
    cursor: pointer;
  }
`;
```

[그림 5-8]과 같이 스타일이 적용되는 것을 확인할 수 있습니다.

그림 5-8 스타일 적용 후

SContainer와 같은 이름은 대문자로 시작하기만 하면 보통의 컴포넌트와 마찬가지로 임의로 정할 수 있습니다. 맨 앞에 대문자 S(Styled의 S)를 부여한 이유는 나중에 코드를 봤을 때 styled components로 작성한 컴포넌트인지, 다른 외부 라이브러리나 컴포넌트인지를 알기 쉽게 하기 위해서입니다.

특별한 규칙이 있는 것은 아니지만 프로젝트에 따라 명명 규칙 등을 설정해서 팀 구성원이 통일하도록 하는 것도 좋을 것입니다. styled components는 SCSS 표기법을 그대로 이용하므로 기존 CSS 파일을 사용한 시스템에서 CSS-in-JS로 비교적 쉽게 이행할 수 있다는 것이 장점입니다.

5.5 Emotion

이어서 Emotion을 알아봅시다. Emotion도 styled components와 함께 인기가 많은 CSS-in-JS 라이브러리입니다. 이를 채용한 프로젝트 또한 많으며 매우 다양한 사용 방법을 제공하는 것이 특징입니다. 지금까지 배운 것과 비슷한 형태로 작성할 수 있습니다(목록 참고).

- Inline Styles
- Styled JSX
- styled components

사전 준비

먼저 Emotion.jsx라는 이름으로 컴포넌트를 만듭니다.

사전 준비 | **Emotion.jsx**

```
export const Emotion = () => {
  return (
    <div>
      <p>Emotion입니다</p>
      <button>버튼</button>
    </div>
  );
};
```

다음으로 필요한 모듈을 추가합니다. 리액트에서 Emotion을 사용하려면 @emotion/react와 Emotion에서 styled components와 같은 표기법으로 작성할 수 있도록 해주는 @emotion/styled를 NPM에서 설치해야 합니다.

| CodeSandbox에서 설치 |

메뉴의 Dependencies에 @emotion/react(그림 5-9), @emotion/styled(그림 5-10)를 입력하고 선택해서 설치합니다.

그림 5-9 CodeSandbox에서 @emotion/react 설치

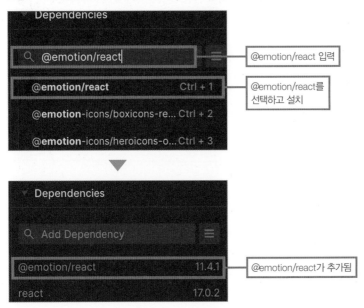

그림 5-10 CodeSandbox에서 @emotion/styled 설치

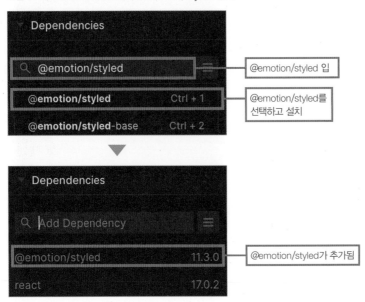

| npm 또는 yarn에서 설치 |

npm 또는 yarn에서는 다음 명령어를 각각 실행합니다.

▼ npm

```
npm install @emotion/react @emotion/styled
```

▼ yarn

```
yarn add @emotion/react @emotion/styled
```

이것으로 사전 준비를 마쳤습니다.

Emotion 사용

Emotion은 다양하게 사용할 수 있는 것이 특징입니다. 순서대로 스타일을 적용하면서 확인해보겠습니다. 또한 Emotion을 사용할 때는 다음과 같이 정해진 규칙으로 코드를 작성해야합니다.

서식

```
/** @jsxImportSource @emotion/react */
import { jsx } from "@emotion/react";
```

먼저 Styled JSX와 같이 컴포넌트 파일 안에 CSS를 작성하는 방법입니다. Emotion에서 제공하는 CSS를 사용한다는 점이 다릅니다. div 태그에 스타일을 적용해봅니다.

컴포넌트 파일 안에 CSS를 작성하는 방법　　　　　　　　　　　　　| **Emotion.jsx**

```
/** @jsxImportSource @emotion/react */
import { jsx, css } from "@emotion/react";

export const Emotion = () => {
  // scss와 동일하게 작성 가능
  const containerStyle = css`
    border: solid 1px #aaa;
    border-radius: 20px;
```

```
    padding: 8px;
    margin: 8px;
    display: flex;
    justify-content: space-around;
    align-items: center;
  `;

  return (
    <div css={containerStyle}>
      <p>Emotion입니다</p>
      <button>버튼</button>
    </div>
  );
};
```

@emotion/react에서 css를 import하고, 스타일 변수를 정의할 때와 태그 안에서도 사용해 지정함으로써 CSS를 적용합니다. SCSS 표기법도 문제없이 사용할 수 있습니다.

다음은 Inline Styles와 같이 자바스크립트 객체로 스타일을 정의하는 예입니다. p 태그에 적용해봅니다.

자바스크립트 객체로 스타일을 정의하는 방법　　　　　　　　　　　　　　　　　**| Emotion.jsx**

```
/** @jsxImportSource @emotion/react */
import { jsx, css } from "@emotion/react";

export const Emotion = () => {
  // scss와 동일하게 작성 가능
  const containerStyle = css`
    border: solid 1px #aaa;
    border-radius: 20px;
    padding: 8px;
    margin: 8px;
    display: flex;
    justify-content: space-around;
    align-items: center;
  `;

  // 인라인 스타일 작성 방법
```

```
  const titleStyle = css({
    margin: 0,
    color: "#aaa"
  });

  return (
    <div css={containerStyle}>
      <p css={titleStyle}>Emotion입니다</p>
      <button>버튼</button>
    </div>
  );
};
```

CSS를 사용하는 것은 동일하지만 ({})로 감싸고 그 안에 객체를 기술하는 방법입니다. 이 방법은 Inline Styles와 마찬가지로 캐멀 케이스나 문자열로 값을 쓸 때 주의해야 합니다.

마지막으로 styled components와 같은 작성 방법의 예입니다. 별도 패키지인 @emotion/styled를 사용합니다. button 태그에 적용해봅니다.

styled components와 같은 작성 방법　　　　　　　　　　　　　　　　| **Emotion.jsx**

```jsx
/** @jsxImportSource @emotion/react */
import { jsx, css } from "@emotion/react";
import styled from "@emotion/styled";

export const Emotion = () => {
  // scss와 동일하게 작성 가능
  const containerStyle = css`
    border: solid 1px #aaa;
    border-radius: 20px;
    padding: 8px;
    margin: 8px;
    display: flex;
    justify-content: space-around;
    align-items: center;
  `;

  // 인라인 스타일 작성 방법
  const titleStyle = css({
```

```
    margin: 0,
    color: "#aaa"
  });

  return (
    <div css={containerStyle}>
      <p css={titleStyle}>Emotion입니다</p>
      <SButton>버튼</SButton>
    </div>
  );
};

// styled-components 작성 방법
const SButton = styled.button`
  background-color: #ddd;
  border: none;
  padding: 8px;
  border-radius: 8px;
  &:hover {
    background-color: #aaa;
    color: #fff;
    cursor: pointer;
  }
`;
```

사용 방법은 styled components와 완전히 같습니다. 여기까지 구현한 것으로 [그림 5–11]
과 같은 스타일이 적용되는 것을 확인할 수 있습니다.

그림 5-11 스타일 적용 후

이렇게 Emotion은 다양하게 사용할 수 있기 때문에 아직 팀에서 베스트 프랙티스를 찾지 못
한 경우나 다양한 방법을 시도할 때 좋은 선택지가 될 수 있습니다. 그러나 규칙을 정하지 않
은 상태로 운용하게 되면 각자가 선호하는 작성 방식을 이용하게 되어 유지보수성이 낮아지므
로 주의해야 합니다.

이번에는 Storybook을 소개할게요!

 스토리북이요? 책인가요??

 그거군요! 컴포넌트 카탈로그 같은!

 맞아요. 프런트엔드에 어떤 컴포넌트가 있고 어떤 형태로 보이는지는 화면에 나타내보지 않으면 모르죠. 그것을 시각화할 수 있는 것이 스토리북이에요! 컴포넌트 목록을 볼 수 있으니 팀에서 생각을 모으기도 쉬워요.

 오, 이거 정말 편리할 것 같네요!!

5.6　Tailwind CSS

Tailwind CSS는 최근 매우 많은 인기를 얻고 있으며 전 세계적으로 사용자가 많은 CSS 프레임워크입니다. Tailwind CSS는 유틸리티 우선^{utility first} 프레임워크입니다. 즉, Tailwind CSS는 `flex`, `text-center`와 같이 `className`에 설정할 수 있는 클래스명의 부품만 제공하며 개발자는 각각을 조합해 사용하면 됩니다. 리액트뿐만 아니라 HTML이나 Vue 등에도 사용할 수 있습니다. 백문이 불여일견이니 실제로 사용해봅시다.

사전 준비

먼저 지금까지와 마찬가지로 TailwindCss.jsx라는 이름의 컴포넌트를 만듭니다.

사전 준비　　　　　　　　　　　　　　　　　　　　　　　　　| TailwindCss.jsx

```
export const TailwindCss = () => {
  return (
```

```
  <div>
    <p>Tailwind CSS입니다</p>
    <button>버튼</button>
  </div>
  );
};
```

다음으로 필요한 모듈을 추가합니다. 리액트에서 Tailwind CSS를 사용하는 데 필요한 것은 NPM에서 설치하면 됩니다.

Tailwind CSS 설정은 환경에 따라 적절하게 진행해야 합니다. 여기에서는 Create React App으로 작성한 애플리케이션을 예로 설명합니다. 다양한 환경에서의 설치 방법은 Tailwind CSS 공식 사이트를 참고하기 바랍니다.

🌐 사이트   Tailwind CSS(설치)

 URL   https://tailwindcss.com/docs/installation

| 개발 환경 필요 요소 설치 |

npm 또는 yarn에서는 다음 명령어를 각각 실행합니다.

▼ npm

```
npm install -D tailwindcss@npm:@tailwindcss/postcss7-compat postcss@^7 autoprefixer@^9
```

▼ yarn

```
yarn add -D tailwindcss@npm:@tailwindcss/postcss7-compat postcss@^7 autoprefixer@^9
```

Create React App의 경우 Tailwind의 동작에 필요한 PostCSS를 덮어 쓸 수 없으므로 CRACO^{Create React App Configuration Override}를 사용합니다.

| CRACO 설치 |

npm 또는 yarn에서는 다음 명령어를 각각 실행합니다.

```
npm install @craco/craco
```

```
yarn add @craco/craco
```

필요한 요소들을 설치했으므로 이어서 설정 파일을 수정 및 추가합니다.

| package.json 수정 |

package.json을 수정해 CRACO를 사용해 기동하도록 변경합니다.

설정 파일 수정(CRACO 추가) | package.json

```
{
  // ...
  "scripts": {
    "start": "react-scripts start",   ●┐
    "build": "react-scripts build",    ├----------- 삭제
    "test": "react-scripts test",     ●┘
    "start": "craco start",   ●┐
    "build": "craco build",    ├----------------- 추가
    "test": "craco test",     ●┘
    "eject": "react-scripts eject"
  },
}
```

| craco.config.js 작성 |

프로젝트 루트에 craco.conig.js라는 이름의 파일을 만들고 다음 내용을 설정합니다.

설정 파일 추가(craco.config.js 작성)   **craco.config.js**

```
module.exports = {
  style: {
    postcss: {
      plugins: [
        require('tailwindcss'),
```

```
      require('autoprefixer'),
    ],
  },
},
}
```

| tailwind.config.js 작성 |

다음 명령어를 프로젝트 루트 경로에서 실행합니다.

▼ 설정 파일 추가(tailwind.config.js 작성)

```
npx tailwindcss init
```

프로젝트 루트에 tailwind.config.js라는 이름의 파일이 생성됩니다.

생성된 파일 | tailwind.config.js

```
module.exports = {
  purge: [],
  darkMode: false, // or 'media' or 'class'
  theme: {
    extend: {},
  },
  variants: {
    extend: {},
  },
  plugins: [],
}
```

위의 purge 옵션은 지정한 파일 안에서 사용하지 않는 스타일이 있는 경우 삭제하는 옵션입니다. 컴포넌트와 index.html을 지정합니다.

index.html 지정 | tailwind.config.js

```
module.exports = {
  purge: [], ●------------------------------------------------ 삭제
  purge: ['./src/**/*.{js,jsx,ts,tsx}', './public/index.html'], ●--------- 추가
```

```
darkMode: false, // or 'media' or 'class'
theme: {
  extend: {},
},
variants: {
  extend: {},
},
plugins: [],
}
```

| index.css 수정 |

Tailwind CSS를 사용하도록 `index.css`에 다음 3행을 추가합니다.

설정 파일 수정(index.css 작성)   **| index.css**

```
@tailwind base;
@tailwind components;          ┌─────────추가
@tailwind utilities;


/* 생략 */
```

이것으로 사전 준비를 완료했습니다.

Tailwind CSS 사용

설정에 다소 시간이 걸렸지만 처음 한 번만 설정하면 됩니다. 이 책에서는 모든 기능을 다루지는 않으나 테마 커스터마이즈, 다크 모드 대응, 애니메이션 등을 구현할 수 있으니 사용해보길 추천합니다.

Tailwind CSS를 사용할 때는 각 태그의 `className` 속성에 직접 정의한 클래스명을 설정해서 Tailwind CSS가 제공하는 클래스명을 지정하기만 하면 됩니다. 그럼 Tailwind CSS를 사용해 구현한 예를 확인해보겠습니다.

```jsx
export const TailwindCss = () => {
  return (
    <div className="border border-gray-400 rounded-2xl p-2 m-2 flex justify-around
items-center">
      <p className="m-0 text-gray-400">Tailwind CSS입니다</p>
      <button className="bg-gray-300 border-0 p-2 rounded-md hover:bg-gray-400
hover:text-white">버튼</button>
    </div>
  );
};
```

className은 길어졌지만 지금까지와 달리 className 내부만 변경하면 되는 것을 알 수 있습니다. 만약을 위해 다음과 같이 스타일이 적용되었는지 확인합니다. 색상 등을 컬러 코드로 지정한 것은 아니므로 완전히 일치하지는 않지만 비슷하게 표현됩니다.

그림 5-12 스타일 적용 후

그림 5-13 마우스 커서를 올렸을 때

익숙해지기 전에는 클래스명을 지정하기 위해 공식 사이트나 치트 시트cheat sheet를 참조해야 할 수 있습니다. 그러나 익숙해지기만 하면 구현 속도가 빨라지므로 CSS 담당자가 없는 팀이라면 시도해볼 만한 선택지일 것입니다.

또한 Tailwind CSS의 장점으로 이름을 짓는 데 고민하지 않아도 좋다는 것을 꼽습니다. CSS의 클래스명이나 styled components 스타일을 부여한 컴포넌트와 같이 어떤 이름을 붙여야 할지 생각할 필요가 없으므로 팀 안에서 규칙을 통일하는 등의 번거로움도 발생하지 않습니다.

도와주세요 선배님! 컴포넌트는 처음부터 만들어야 하나요?

선배님! CSS를 적용하는 것에 관해서는 어느 정도 알겠는데 CSS에 대해서는 잘 모르다 보니 멋있어 보이게 만들기 힘드네요...

괜찮아요. 실제 현장에서도 아무것도 없는 상태에서 스타일링을 하는 경우는 적어요. 대개 컴포넌트 라이브러리를 사용하니까요!

컴포넌트 라이브러리를 사용하면 어떻게 되나요??

미리 제공되는 깔끔한 버튼, 모달 창, 메시지, 메뉴 바 등 다양하게 제공되니까 그걸 사용해서 어느 정도 깔끔한 UI를 만드는 것으로 충분해요.

저에게 정말 필요한 거네요!! 어떤 컴포넌트 라이브러리를 사용하면 좋을까요?

종류가 꽤 다양하니까 콕 집어 말할 수는 없지만... Tailwind의 Headless UI, Chakra UI, Material-UI, Semantic UI React가 괜찮으려나? 어떤 컴포넌트가 있는지, 커스터마이즈하기 쉬운지, 무엇보다 프로젝트에 그 형태가 어울리는지를 확인하고 선택하면 될 거예요!

고르는 것 자체도 재미있겠네요! 다른 컴포넌트 라이브러리도 조사해보겠습니다!

5.7 정리

- CSS 적용 형태는 프로젝트나 팀에 따라 다양하므로 적절하게 선택한다.
- CSS 파일을 분리한다면 CSS Modules를 사용한다.
- CSS-in-JS를 사용한다면 styled components 또는 Emotion을 사용하는 경우가 많다.
- Tailwind CSS를 비롯해 유틸리티 우선 관점의 CSS 프레임워크가 인기를 얻고 있다.

재렌더링 구조와 최적화

리액트 애플리케이션은 컴포넌트가 재렌더링을
반복하면서 만들어집니다. 이번 장에서는 그 구
조와 최적화 방법에 관해 배우고 큰 규모의 시스
템에도 대응할 수 있도록 익혀봅시다.

출근하니 사키오카 선배가 과장님에게 불려가 책상 앞에서 무언가 이야기를 나누고 있었다. 과장님은 영업 출신이어서 프로그래밍에 관한 것은 아무것도 모르지만 늘 엉뚱한 소리를 하는 것으로 유명하며 그다지 좋은 이야기를 들은 적도 없다. 이 부서는 사키오카 선배가 온 힘을 다해서 이끌어가고 있다.

과장

영업 출신이며 IT 지식이 없다. 언제나 엉뚱한 소리를 하는 것으로 유명하다. 부서 구성원에게 평판도 좋지 않은 것 같다. '할 수 있어. 할 수 있다고!'라는 말을 입버릇처럼 한다.

사키오카 씨! 전에 고객이 클레임 걸었던 건, 아주 잘했네! 고객도 만족했고!

잘됐네요. 처음에 이야기했던 것보다 데이터양이 많아 확인 과정에서 누락된 것 같습니다.

역시 그랬군. 시스템이 느리면 업무 담당자는 짜증이 난단 말이지~

맞습니다. 저도 확인하지 못했으니 문서화해서 다른 시스템에도 같은 일이 발생하지 않게 공유하려고 합니다.

사키오카 씨에게 맡기면 모든 애플리케이션 속도가 배는 빨라지겠군!

아니, 그렇게까지는...(웃음)

힘내주게! 할 수 있어. 할 수 있다고!

과장님의 입버릇을 마지막으로 사키오카 선배가 자리로 돌아왔다.

 선배님, 방금 무슨 이야기를 하신 건가요?

이야기를 들어보니 전에 납품했던 시스템에서 화면을 조작하면 느려진다는 클레임이 있었고 사키오카 선배가 대응해서 개선을 한 것 같았다.

 시기상으로 딱 좋을 것 같은데, 두 사람도 이쯤해서 재렌더링의 제어에 관해 학습해보면 어때요?

 State가 변하면 컴포넌트가 처음부터 다시 실행되어 업데이트가 반영되는 거 말이죠?

 그래요. 단, State가 변했을 때가 아니어도 재렌더링되기도 하고 일부러 재렌더링하지 않도록 해서 화면 조작의 성능을 높일 수도 있어요.

 재렌더링을 생각하지 않고 애플리케이션을 만들면 이번처럼 원활하지 않게 작동하기도 하는 건가요?

 그래요. 작은 규모의 애플리케이션이면 알아채지 못할 수도 있지만 중간 규모 이상의 애플리케이션이라면 꼭 알아두어야 해요.

지금까지는 작성한 것이 화면에 표시되는 것이나 작성 방법 규칙에 집중했지만 이제 프런트엔드 엔지니어 역시 성능 개선에 관한 지식이 필수인 것 같다. 그중에서도 우선 **리액트 컴포넌트의 재렌더링 제어**가 중요해 공부하기로 했다.

6.1 재렌더링이 발생하는 조건

리액트에서 재렌더링을 적절하게 제어하기 위해서는 재렌더링이 언제 발생하는지 알아야 합니다. 이번 절에서는 재렌더링을 최적화하기 위한 기능을 소개합니다. 현재 어느 패턴에 최적화를 할 것인지 생각하면서 학습하기 바랍니다.

재렌더링이 발생하는 세 가지 패턴

재렌더링이 발생하는 조건은 다음과 같이 세 가지입니다.

1 State가 업데이트된 컴포넌트
2 Props가 변경된 컴포넌트
3 재렌더링된 컴포넌트 아래의 모든 컴포넌트

1, 2번 조건은 쉽게 떠올릴 수 있을 것입니다. 1번의 State는 컴포넌트 상태를 나타내는 변수입니다. 업데이트될 때 재렌더링되지 않으면 화면 표시를 올바르게 저장할 수 없습니다. 지금까지 본 것처럼 카운트업 변수를 실행해서 State를 변경하면 화면에 변경한 값이 실시간으로 반영되는 것은 State가 업데이트됨에 따라 컴포넌트가 재렌더링되기 때문입니다.

2번의 경우, 리액트 컴포넌트는 Props를 인수로 받고 그에 대응해 렌더링 내용을 결정하므로 Props의 값이 변할 때는 재렌더링해서 출력 내용을 변경해야 합니다. 따라서 Props값이 변할 때는 반드시 재렌더링을 합니다.

주의할 것은 3번입니다. 입문자가 간과하기 쉬운 포인트입니다. '재렌더링된 컴포넌트 아래의 모든 컴포넌트'에 관해 다음과 같은 파일 구성을 가정해서 설명하겠습니다.

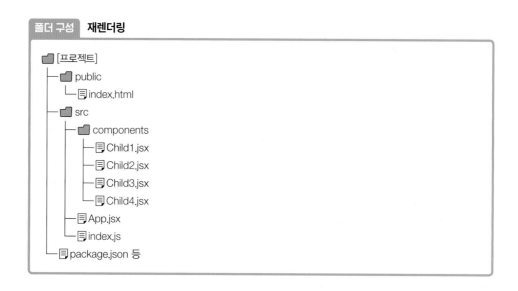

폴더 구성 | 재렌더링

```
[프로젝트]
├── public
│   └── index.html
├── src
│   ├── components
│   │   ├── Child1.jsx
│   │   ├── Child2.jsx
│   │   ├── Child3.jsx
│   │   └── Child4.jsx
│   ├── App.jsx
│   └── index.js
└── package.json 등
```

컴포넌트 계층 구조는 [그림 6-1]과 같이 가정합니다.

그림 6-1 컴포넌트 계층 구조

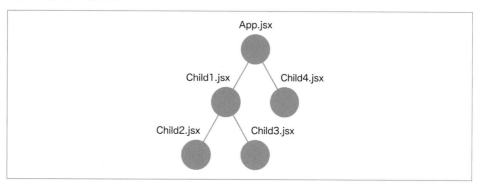

컴포넌트 트리가 이러할 때 재렌더링된 컴포넌트 아래의 모든 컴포넌트가 렌더링된다는 것은, 루트 컴포넌트인 App.jsx가 State를 변경한 경우 모든 컴포넌트가 재렌더링된다는 것을 의미합니다(그림 6-2).

그림 6-2 App.jsx가 State 변경 시 재렌더링되는 컴포넌트

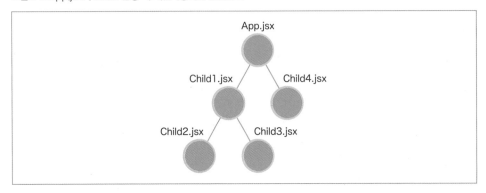

마찬가지로 `Child1.jsx`가 State를 변경한 경우는 [그림 6-3]과 같이 재렌더링됩니다.

그림 6-3 Child1.jsx가 State 변경 시 재렌더링되는 컴포넌트

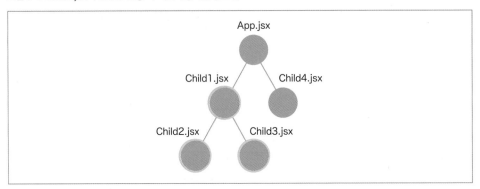

이렇게 자녀 컴포넌트는 특히 Props가 변경되지 않았더라도 디폴트 상태에서는 부모가 재렌더링되면 함께 재렌더링됩니다. 표시가 달라지지 않는데 매번 불필요한 렌더링을 하는 것은 성능 저하를 일으키는 원인이 되므로 그런 상황이 발생하지 않도록 코드에서 재렌더링을 최적화합니다.

6.2 렌더링 최적화 1(memo)

코드 기반으로 재렌더링을 제어하는 방법을 알아보겠습니다.

사전 준비

앞서 그림으로 본 컴포넌트 구성으로 프로젝트를 작성합니다. App.jsx에서는 카운트업 기능을 구현합니다. 또한 각 컴포넌트가 재렌더링되는 것을 시각적으로 쉽게 알 수 있도록 함수 컴포넌트에 console.log를 추가해둡니다.

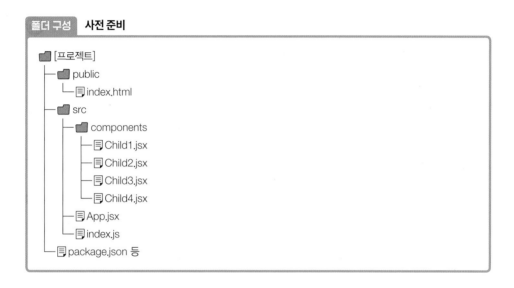

화면에 [그림 6-4]와 같이 표시됩니다.

그림 6-4 화면 표시

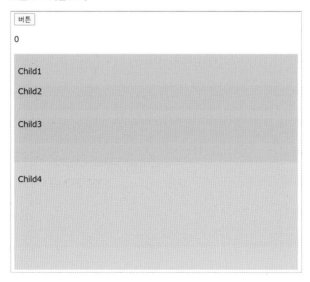

```jsx
import { useState } from "react";
import { Child1 } from "./components/Child1";
import { Child4 } from "./components/Child4";

export const App = () => {
  console.log("App 렌더링");

  const [num, setNum] = useState(0);

  const onClickButton = () => {
    setNum(num + 1);
  };

  return (
    <>
      <button onClick={onClickButton}>버튼</button>
      <p>{num}</p>
      <Child1 />
      <Child4 />
    </>
  );
};
```

```jsx
import { Child2 } from "./Child2";
import { Child3 } from "./Child3";

const style = {
  height: "200px",
  backgroundColor: "lightblue",
  padding: "8px"
};

export const Child1 = () => {
  console.log("Child1 렌더링");

  return (
    <div style={style}>
```

```
      <p>Child1</p>
      <Child2 />
      <Child3 />
    </div>
  );
};
```

```
const style = {
  height: "50px",
  backgroundColor: "lightgray"
};

export const Child2 = () => {
  console.log("Child2 렌더링");

  return (
    <div style={style}>
      <p>Child2</p>
    </div>
  );
});
```

```
const style = {
  height: "50px",
  backgroundColor: "lightgray"
};

export const Child3 = () => {
  console.log("Child3 렌더링");

  return (
    <div style={style}>
      <p>Child3</p>
    </div>
  );
};
```

```
const style = {
  height: "200px",
  backgroundColor: "wheat",
  padding: "8px"
};

export const Child4 = () => {
  console.log("Child4 렌더링");

  return (
    <div style={style}>
      <p>Child4</p>
    </div>
  );
};
```

App의 자녀 컴포넌트로서 Child1과 Child4 그리고 Child1의 자녀 컴포넌트로 Child2, Child3을 설정한 상태입니다. 이 상태에서 App의 카운트업을 실행하면 App의 State가 변경됨에 따라 모든 컴포넌트가 재렌더링되는 것을 콘솔에서 확인할 수 있습니다(그림 6-5).

그림 6-5 2회 카운트업했을 때의 콘솔(2회 모두 모든 컴포넌트가 재렌더링됨)

이때 App 이외의 컴포넌트는 표시가 변하는 것이 아니니 재렌더링하지 않아도 문제가 없으므로 재렌더링되지 않도록 제어합니다.

React.memo

리액트에서 컴포넌트, 변수, 함수 등을 재렌더링할 때 제어가 필요한 경우에는 메모이제이션 memoization을 수행합니다. 메모이제이션은 이전 처리 결과를 저장해둠으로써 처리 속도를 높이는 기술입니다. 필요할 때만 다시 계산하게 하여 불필요한 처리를 줄일 수 있습니다.

이번 예에서는 컴포넌트를 메모이제이션해서 부모 컴포넌트가 재렌더링되더라도 자녀 컴포넌트의 재렌더링을 방지할 수 있습니다. 이 기능은 리액트가 제공하며 리액트 내의 memo를 사용합니다. 컴포넌트 함수 전체를 괄호로 감싸면 됩니다.

서식 **memo**

```
const Component = memo(() => {});
```

이렇게 컴포넌트를 괄호로 감싸면 해당 컴포넌트는 Props에 변경이 있을 때만 재렌더링됩니다.

그럼, 모든 컴포넌트를 메모이제이션해봅시다.

메모이제이션 | App.jsx

```
import { useState, memo } from "react";
// ... 생략
export const App = memo(() => {
  // ... 생략
});
```

메모이제이션 | Child1.jsx

```
export const Child1 = memo(() => {
  // ... 생략
});
```

메모이제이션 | **Child2.jsx**

```
export const Child2 = memo(() => {
  // ... 생략
});
```

메모이제이션 | **Child3.jsx**

```
export const Child3 = memo(() => {
  // ... 생략
});
```

메모이제이션 | **Child4.jsx**

```
export const Child4 = memo(() => {
  // ... 생략
});
```

모든 컴포넌트를 메모이제이션했습니다. 이제 앞에서와 마찬가지로 카운트업을 실행해서 재렌더링한 결과를 확인해봅니다(그림 6-6).

그림 6-6 메모이제이션 후 2회 카운트업했을 때의 콘솔(App만 재렌더링됨)

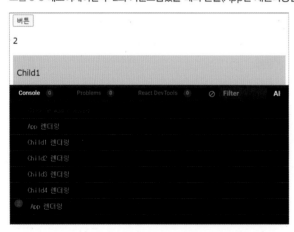

메모이제이션 이후에는 App 컴포넌트만 재렌더링되는 것을 확인할 수 있습니다. 이렇게 memo를 사용함으로써 부모 컴포넌트의 재렌더링에 연결되어 불필요하게 재렌더링되는 것을

제어할 수 있습니다. 렌더링 비용이 높은 컴포넌트(요소 수가 많거나 부하가 높은 처리를 하는 등)는 적극적으로 메모이제이션을 활용함으로써 성능을 향상하기 바랍니다.

6.3 렌더링 최적화 2(useCallback)

memo를 사용해 컴포넌트를 메모이제이션할 수 있었습니다. 계속해서 함수 메모이제이션을 확인해봅니다.

사전 준비

먼저 Child1에 '클릭하면 카운트업 중인 수치를 0으로 되돌리는 [리셋] 버튼'을 배치하는 구현을 생각해봅니다. 수치의 State는 App이 가지고 있으므로 App 안에서 리셋하기 위한 함수를 정의하고 그 함수를 Child1에 전달하는 방식으로 구현합니다. 코드는 다음과 같습니다.

사전 준비 | **App.jsx**

```
// ... 생략
export const App = memo(() => {
  // ... 생략
  const onClickReset = () => {
    setNum(0);                        ┌--------- 추가
  };

  return (
    <>
      <button onClick={onClickButton}>버튼</button>
      <p>{num}</p>
      <Child1 />   ●-------------------------------- 삭제
      {/* ↓ Props로 함수 설정 */}
      <Child1 onClickReset={onClickReset} />   ●┐
                                                └--------- 추가
      <Child4 />
    </>
  );
});
```

사전 준비 | **Child1.jsx**

```
// ... 생략
export const Child1 = memo(() => { ●--------------삭제
export const Child1 = memo((props) => {  ●---------추가
  console.log("Child1 렌더링");

  // Props로부터 함수를 전개(분할 대입) ●-┐
  const { onClickReset } = props;     ●-┴-----------추가

  return (
    <div style={style}>
      <p>Child1</p>
      {/* ↓ 전달된 함수를 실행하는 버튼 설정 */}        ●-┐
      <button onClick={onClickReset}>리셋</button> ●-┴------추가
      <Child2 />
      <Child3 />
    </div>
  );
});
```

이로써 [그림 6-7], [그림 6-8]과 같이 [리셋] 버튼을 클릭하면 수치가 초기화되는 기능을 만들었습니다.

그림 6-7 [리셋] 버튼 클릭 전

그림 6-8 [리셋] 버튼 클릭 후

그러나 앞에서 최적화했던 재렌더링을 다시 확인해보면 카운트업을 할 때마다 Child1이 재렌더링되는 것을 알 수 있습니다(그림 6-9).

그림 6-9 2회 카운트업했을 때의 콘솔(Child1도 다시 렌더링됨)

마찬가지로 함수 정의도 Props가 변경되지 않았는데 재렌더링됩니다. 그러나 이는 원하는 결과가 아닙니다. 원인과 처리 방법을 확인해봅니다.

React.useCallback

함수를 Props에 전달할 때 컴포넌트를 메모이제이션해도 재렌더링되는 것은 함수가 다시 생성되기 때문입니다. 일반적으로 함수를 다음과 같이 정의합니다. 이렇게 함수를 정의하면 재렌더링 등으로 코드가 실행될 때마다 항상 새로운 함수가 다시 생성됩니다.

```
const onClickReset = () => {
    setNum(0);
};
```

따라서 함수를 Props로 받는 Child1은 Props가 변화했다고 판정해 카운트업할 때마다 재렌더링을 하게 되는 것입니다. 이 현상을 피하기 위해서는 함수를 메모이제이션해야 합니다.

리액트는 함수 메모이제이션 기능 useCallback을 제공합니다. useCallback은 '첫 번째 인수에 함수' '두 번째 인수에 useEffect와 같은 의존 배열'을 받습니다. 다음은 그 예입니다.

서식 **useCallback**

```
const onClickButton = useCallback(() => {
  alert('버튼을 클릭했습니다');
}, []);
```

이 경우 의존 배열은 비어 있으므로 함수는 처음 작성된 것을 재사용하게 됩니다. 물론 useEffect와 마찬가지로 의존 배열에 값을 설정했을 때는 그 값이 변경되는 시점에 다시 작성됩니다. 그럼 useCallback을 적용해봅니다.

useCallback 적용 | App.jsx

```
// … 생략
export const App = memo(() => {
  // … 생략
  const onClickReset = () => {          ●⌐
    setNum(0);                           ┆┄┄┄┄┄┄┄ 삭제
  };                                     ●⌐
  // 함수 메모이제이션
  const onClickReset = useCallback(() => {  ⌐
    setNum(0);                              ┆┄┄┄┄┄┄ 추가
  }, []);                                   ⌐

  return (
    <>
      <button onClick={onClickButton}>버튼</button>
```

```
      <p>{num}</p>
      <Child1 onClickReset={onClickReset} />
      <Child4e />
    </>
  )
});
```

onClickReset 함수를 useCallback을 사용해 메모이제이션했을 뿐입니다. 이 상태에서 카운
트업 처리를 실행하면 [그림 6-10]과 같이 카운트업할 때 App만 재렌더링되는 것을 확인할 수
있습니다.

그림 6-10 2회 카운트업했을 때의 콘솔(App만 재렌더링됨)

App만 재렌더링되어 불필요한 재렌더링을 최적화했습니다. 이렇게 자녀 컴포넌트에 Props로
전달하는 함수는 적극적으로 useCallback을 사용해 메모이제이션함으로써 의도하지 않은 재
렌더링이 발생하지 않도록 합니다.

도와주세요
선배님!

어디까지 메모이제이션을 해야 할까요?

 선배님! 메모이제이션을 사용해 불필요한 재렌더링을 막아서 성능을 향상할 수 있다는 것은 알겠습니다. 그런데 메모이제이션을 어디까지 하는 게 좋은 건가요? 전부 하면 될까요?

 규모가 작은 애플리케이션에서는 체감할 정도로 느려지지 않으면 솔직히 처음에는 그렇게까지 신경 쓰지 않아도 되겠지만, 데이터양이 늘어날 것 같은 컴포넌트라면 주의해야 해요. 그리고 테스트나 비교적 작은 컴포넌트는 일부러 하지 않아도 될 것 같네요.

 우선은 비교적 영향이 큰 컴포넌트를 메모이제이션해야 할까요?

 맞아요! 컴포넌트에 전달하는 함수도 메모이제이션을 한다고 해서 크게 좋을 건 없어요. 아, useCallback을 사용할 때는 함수 안에서 다루는 변수나 의존 배열 설정을 잊어서는 안 되고요!

 주의하겠습니다!

6.4 변수 메모이제이션(useMemo)

지금까지 컴포넌트 메모이제이션과 함수 메모이제이션에 관해 설명했습니다. 기본적으로는 이 두 가지를 사용하면 불필요한 재렌더링을 제어할 수 있을 것입니다. 마지막으로 변수 메모이제이션을 소개합니다.

React.useMemo

memo나 useCallback만큼 자주 사용되지는 않지만 리액트에서는 변수 메모이제이션으로 use-Memo를 제공합니다. useMemo의 구문은 다음과 같습니다.

useMemo 구문

```
const sum = useMemo(() => {
  return 1 + 3;
}, []);
```

useEffect나 useCallback과 구문은 거의 같습니다. '첫 번째 인수의 함수에 변수에 설정할 값의 반환' '두 번째 인수에 의존 배열'을 전달합니다.

구문을 기준으로 설명하면 두 번째 인수가 빈 배열이므로 최초 로딩되었을 때만 '1 + 3'이라는 계산을 실행하고, 그 이후 재렌더링될 때는 최초의 값을 다시 사용할 수 있게 됩니다. 물론 의존 배열에 변수를 설정해두면 그 값이 변했을 때만 변수를 재설정할 수 있습니다.

변수 정의 로직이 복잡하거나 많은 수의 루프가 실행되는 경우 등에 사용함으로써 변수 설정에 의한 부하를 낮출 수 있습니다. 그리고 의존 배열에 설정된 값을 참조함으로써 변수를 설정하는 데 영향을 주는 외부값을 명시적으로 나타낼 수 있어 가독성 향상을 기대할 수 있습니다.

이렇게 다양한 종류의 메모이제이션이 제공되니 성능 향상을 위해 적절히 활용해보기 바랍니다.

도와주세요
선배님! ─ **프런트엔드 성능을 무엇으로 판단하나요?**

 선배님, 프런트엔드 성능에서 효과를 보기는 어렵지 않나요? 명확하게 느린 것을 개선하면 알 수 있겠지만 그 정도까지는 아니라면 무엇을 기준으로 판단하면 좋을지 모르겠습니다.

 좋은 질문이에요! 한 가지 참고할 만한 관점이 있어요. 구글이 제안한 'Core Web Vitals'라는 지표가 있지요.

 코어 웹 바이털..??

 맞아요. 웹 사이트에서의 사용자 체험에 중요한 세 가지 관점으로 LCP^Largest Concertful Paint, FID^First Input Delay, CLS^Cumulative Layout Shift를 보는 거예요.

 뭔가 어려워 보이네요...

간단히 말하자면 사이트 표시 속도, 사용자 입력 반응 속도, 레이아웃 어긋남 발생 여부를 확인하는 지표예요. 이를 개선함으로써 사이트 매출이 향상되거나, 검색 결과 상위에 노출되기 쉬운 것으로 알려져 있으니까 매우 중요하죠.

 좀 더 알아보고 만든 서비스에서도 측정해보겠습니다!

6.5 정리

- 재렌더링은 세 가지 패턴으로 발생한다.
  - State가 변경된 컴포넌트
  - Props가 변경된 컴포넌트
  - 재렌더링된 컴포넌트 아래의 모든 컴포넌트
- 메모이제이션은 처리 결과를 저장해서 처리를 고속화하는 기술이다.
- 컴포넌트 메모이제이션: memo
- 함수 메모이제이션: useCallback
- 변수 메모이제이션: useMemo

글로벌 State 관리

컴포넌트 안에서 작성, 참조하는 State를 로컬 State라 부릅니다. 애플리케이션이 복잡해지면 로컬 State뿐만 아니라 컴포넌트를 넘나들면서 사용할 수 있는 글로벌 State에 관한 지식도 필요합니다. 이번 장에서는 글로벌 State를 배워봅니다.

아니, 그러니까 이렇게 특정한 상황에만 적용되는 코드는 나중에 유지보수가 어려워진다니까요! 전에도 말했을 텐데요!

무슨 일인지 사키오카 선배가 전화기 너머로 언성을 높였다. 팀에 소속된 이후 처음 느끼는 분위기였다. 아무래도 파트너 회사에 의뢰한 코드를 받았는데 이전에 지적한 것도 개선되지 않았고 품질이 좋지 않은 상태인 것 같았다. 신입인 고토는 이 분위기를 즐기는 듯 흘끗흘끗 내 쪽을 봤지만 눈치채지 못한 척 PC에 얼굴을 고정하고 있었다.
전화를 마친 사키오카 선배가 이쪽으로 왔다. 오늘은 리액트 배운 걸 검토하는 날이다. '이거 위험한 걸. 어떡하지...'라고 고민하던 차에 고토가 서둘러 말을 꺼냈다.

선배님! 엄청 화나신 것 같은데... 무슨 일이라도 있는 건가요?

이렇게 주위 신경 쓰지 않고 자기 페이스로 가는 점은 놀람을 넘어 존경할 만한 수준이다. 사키오카 선배는 파트너 회사와 관련된 엄청난 에피소드를 몇 가지 알려주었다. 주변에 있던 팀원들도 이야기 도중에 그에 동의하는 듯 고개를 끄덕였다.

정말 곤란하다니까요. 여러분은 이런 개발자가 되면 안 돼요. 아, 그러고 보니 딱 시기가 적절하네요. 이번엔 글로벌 State 관리에 대해 공부해봐요!

글로벌은 일반적인 State와 어떤 점이 다른가요?

어디 보자... 예를 들어 어떤 컴포넌트를 가진 State를 자녀 컴포넌트 안에서도 참조하고 싶을 때는 어떻게 할까요?

Props로 전달하면 자녀 컴포넌트에서도 참조할 수 있습니다.

정답! 그럼 컴포넌트가 5단계 정도로 구성되어 있고 부모 컴포넌트에서 정의한 State를 가장 아래 계층의 컴포넌트에서 참조하고 싶을 때는 어떻게 할까요?

 순서대로 Props로 전달하면 됩니다!

 네, 그렇게 코딩을 생각 없이 하는 사람에게 아까 전화처럼 화를 낸 거예요.

 아...

곤란해하는 고토를 보며 모두가 웃었다. 선배의 기분도 돌아온 것 같았다.

 글로벌 State를 능숙하게 사용하면 Props를 간단하게 유지할 수 있고 재렌더링도 최소한으로 억제할 수 있어요. 그걸 전혀 하지 않고 Props에 전달해버린 것이 방금 파트너 회사 담당자에게 화를 낸 이유 중 하나였어요. 그러니까 두 사람도 이 시점에서 글로벌 State를 익히면 좋겠네요.

 그렇다면 꼭 기억해둬야 겠네요!

 열심히 하겠습니다!

아무래도 점점 복잡해지는 애플리케이션에서 글로벌 State 관리라는 건 반드시 알아야하는 것 같다. 리액트 기본 기능으로 구현하는 방법이 있는 듯해서 배워보기로 했다.

먼저 글로벌 State 관리가 왜 필요한지 조금 더 알아보겠습니다.

Props 버킷 릴레이

글로벌 State 관리 구조를 활용하면 컴포넌트 사이에서 Props를 전달하지 않고 값을 공유할 수 있습니다. 컴포넌트에 적절하게 분할되는 정도의 규모를 가진 리액트 애플리케이션이라면 루트 컴포넌트에서 가장 아래 계층의 컴포넌트까지 5계층 이상이 되는 경우가 꽤 많습니다 (그림 7-1).

그림 7-1 Props를 순서대로 전달하는 예

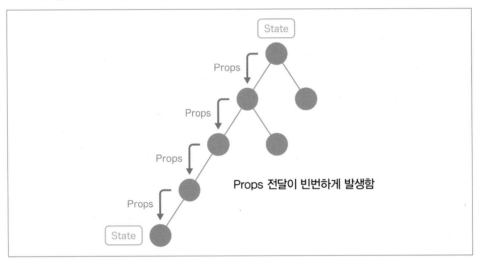

글로벌 State 관리 구조를 도입하면 어떤 컴포넌트에서도 그 값에 접근할 수 있게 되어 불필요한 Props 전달이 사라집니다(그림 7-2).

그림 7-2 글로벌 State 관리 예

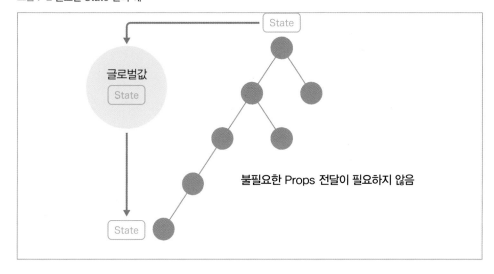

이렇게 맨 아래 계층의 컴포넌트에서 사용하고자 할 때 불필요하게 Props를 전달하는 것을 종종 버킷 릴레이라고 표현합니다. 버킷 릴레이 방식으로 컴포넌트를 만들면 여러 어려움이 발생합니다.

가장 먼저 코드가 복잡해집니다. 하나라면 괜찮지만 여러 Props를 여러 계층에 걸쳐 버킷 릴레이로 만들면 한 개의 컴포넌트가 가진 Props가 비대해져, 무엇을 하기 위한 컴포넌트인지를 알기 어려워집니다. 또한 본래 필요하지 않는 Props를 전달하기 때문에 다른 위치에서 재사용할 수 없는 컴포넌트가 되는 문제도 있습니다.

지금까지 학습한 것처럼 컴포넌트는 Props가 변경되면 재렌더링됩니다. 그래서 앞의 [그림 7-1]에서 중간 계층에 있는 버킷 릴레이 컴포넌트는 본래 재렌더링될 필요가 없음에도 State가 변경되면 모두 재렌더링이 돼버립니다.

이런 문제가 있기 때문에 규모가 큰 애플리케이션에서는 적절하게 State와 Props 설계하는 것이 매우 중요합니다.

버킷 릴레이가 심각한 예

실제로 이름 수정 애플리케이션의 코드 레벨에서 버킷 릴레이가 심각한 예를 소개합니다. 여기에서는 코드를 간략하게 하기 위해 3계층으로 했지만 실제로는 컴포넌트 중첩이 훨씬 깊다고 생각하기 바랍니다. 설명하고자 하는 것 이외의 노이즈를 줄이기 위해 CSS도 인라인 스타일로 간략하게 표기했습니다.

예를 들어 '관리자만 [수정] 버튼을 누를 수 있다'와 같은 상황을 가정합니다. 어떤 사용자의 정보가 표시되어 있는 카드 타입의 컴포넌트 안에 [수정] 버튼이 있습니다. 부모 컴포넌트에서 관리자 여부를 나타내는 플래그를 전환하며 관리자일 때만 [수정] 버튼이 활성화되는 구조입니다(그림 7-3, 7-4).

그림 7-3 관리자일 때

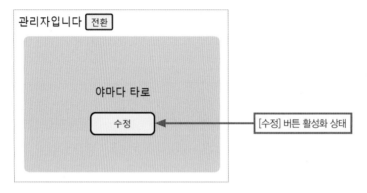

그림 7-4 관리자가 아닐 때

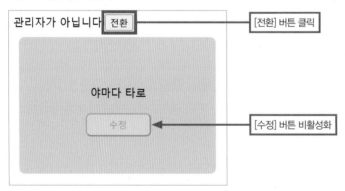

프로젝트의 구성은 다음과 같습니다.

이름 변경 애플리케이션

```
[프로젝트]
├── public
│   ├── index.html
│   └── (Create React App 실행 시 생성되는 다른 파일들)
├── src
│   ├── components
│   │   ├── Card.jsx
│   │   └── EditButton.jsx
│   ├── App.jsx
│   └── index.js
└── package.json 등
```

App.jsx와 Card.jsx, EditButton.jsx의 코드는 다음과 같습니다.

이름 변경 애플리케이션　　　　　　　　　　　　　　　　　　　　　　　　　　| App.jsx

```jsx
import { useState } from "react";
import { Card } from "./components/Card";

export const App = () => {
  // 관리자 플래그
  const [isAdmin, setIsAdmin] = useState(false);

  // [전환] 클릭 시
  const onClickSwitch = () => setIsAdmin(!isAdmin);

  return (
    <div>
      {/* 관리자 플래그가 true일 때와 그렇지 않을 때 문자열 출력 구분 */}
      {isAdmin ? <span>관리자입니다</span> : <span>관리자가 아닙니다</span>}
      <button onClick={onClickSwitch}>전환</button>
      <Card isAdmin={isAdmin} />
    </div>
  );
};
```

```jsx
import { EditButton } from "./EditButton";

const style = {
  width: "300px",
  height: "200px",
  margin: "8px",
  borderRadius: "8px",
  backgroundColor: "#e9dbd0",
  display: "flex",
  flexDirection: "column",
  justifyContent: "center",
  alignItems: "center"
};

export const Card = props => {
  // props로 관리자 플래그를 받는다.
  const { isAdmin } = props;

  return (
    <div style={style}>
      <p>야마다 타로</p>
      <EditButton isAdmin={isAdmin} />
    </div>
  );
};
```

```jsx
const style = {
  width: "100px",
  padding: "6px",
  borderRadius: "8px"
};

export const EditButton = props => {
  const { isAdmin } = props;
  // isAdmin이 false일 때(관리자가 아닐 때) 버튼을 비활성화한다.
  return (
```

```
    <button style={style} disabled={!isAdmin}>
      수정
    </button>
  );
};
```

루트 컴포넌트인 App.jsx의 관리자 플래그 State를 가지고 왔으며 그것을 가장 마지막 계층
인 EditButton.jsx까지 전달합니다. 이 정도라면 아직 허용 범위이기는 합니다. 그렇더라도
Card.jsx는 버킷 릴레이를 하기 위한 목적으로 isAdmin이라는 Props를 받도록 했습니다. 이
간단한 애플리케이션을 예로 글로벌 State를 사용하는 방법에 관해 학습하겠습니다.

7.2 Context에서 State 관리

글로벌 State를 관리하기 위한 라이브러리가 몇 가지 있지만 리액트 자체에서 제공하는 Con-
text 기능을 사용해 구현할 수 있습니다. 이 책에서는 Context를 사용한 글로벌 State 관리
방법을 소개합니다.

Context에서 글로벌 State를 사용하는 기본적인 방법

Context에서의 글로벌 State 사용 방법은 크게 다음 3단계로 구성됩니다.

❶ React.createContext로 Context의 프로바이더를 작성한다.

❷ 작성한 Context의 Provider로 글로벌 State를 다루고자 하는 컴포넌트를 감싼다.

❸ State를 참조할 컴포넌트에서 React.useContext를 사용한다.

코드와 함께 순서대로 알아봅시다.

❶ React.createContext로 Context의 프로바이더를 작성한다.

먼저 Context를 저장하기 위한 프로바이더 컴포넌트를 작성합니다. 여기에서는 관리자 플래
그를 저장하는 글로벌 State이므로 AdminFlagProvider.jsx라는 이름의 파일을 만듭니다. 그
리고 표시용 컴포넌트는 속성이 다르므로 알기 쉽도록 providers라는 폴더 아래 저장합니다.

```
[프로젝트]
├── public
│    ├── index.html
│    └── (Create React App 실행 시 생성되는 다른 파일들)
├── src
│    ├── components
│    │    ├── providers ◀──────────── 추가
│    │    │    └── AdminFlagProvider.jsx ◀── 추가
│    │    ├── Card.jsx
│    │    └── EditButton.jsx
│    ├── App.jsx
│    └── index.js
└── package 등
```

리액트에서 `createContext`라는 함수가 제공되므로 이를 사용해서 Context의 프로바이더를 작성합니다.

컨텍스트의 프로바이더를 작성 | **AdminFlagProvider.jsx**

```
import { createContext } from "react" ;

export const AdminFlagContext = createContext({});
```

`AdminFlagContext`라는 이름으로 Context의 프로바이더를 만들었습니다. `createContext`의 인수에는 디폴트값을 설정할 수 있습니다. 여기에서는 빈 객체를 이용합니다. 그리고 Context를 참조하는 측의 컴포넌트에서 사용하기 위해 `AdminFlagContext`는 `export`한 것에 주의 바랍니다. 이로써 관리자 플래그를 넣기 위한 Context가 완성되었습니다.

❷ **작성한 Context의 Provider로 글로벌 State를 다루고자 하는 컴포넌트를 감싼다.**
Context의 값을 참조할 수 있도록 하려면 Provider로 Context의 값을 참조할 컴포넌트 그룹을 감싸야 합니다(대부분 루트 컴포넌트). 먼저 Provider를 작성합니다. `AdminFlagProvider.jsx`에 다음을 추가합니다.

```jsx
import { createContext } from "react";

export const AdminFlagContext = createContext({});

export const AdminFlagProvider = props => {
  const { children } = props;

  // 동작 확인을 위해 적절한 객체를 정의
  const sampleObj = { sampleValue: "테스트" };

  // AdminFlagContext 안에 Provider가 있으므로 각각 children을 감싼다.
  // value 안에 글로벌로 다룰 실젯값을 설정
  return (
    <AdminFlagContext.Provider value={sampleObj}>
      {children}
    </AdminFlagContext.Provider>
  );
};
```

Provider 컴포넌트는 무엇이든 감쌀 수 있도록 Props로 children을 받도록 한 것이 포인트
입니다. 앞 단계에서 작성한 AdminFlagContext 안에서 Provider가 제공되므로 그것을 반환
합니다. 이 Provider 컴포넌트는 value라는 Props를 설정할 수 있으며 여기에 글로벌로 관리
할 실젯값을 전달합니다(예시에서는 샘플용 객체를 설정).

작성한 Provider를 사용해 참조할 범위의 컴포넌트를 감싸봅니다. 예제에서는 애플리케이션
전체에서 참조할 수 있도록 할 것이므로 index.js 안에서 App 컴포넌트를 감쌉니다.

참조할 컴포넌트 감싸기 | **index.js**

```js
import ReactDOM from "react-dom";

import { App } from "./App";
import { AdminFlagProvider } from "./components/providers/AdminFlagProvider";

ReactDOM.render(
  <AdminFlagProvider>
    <App />
```

```
  </AdminFlagProvider>,
  document.getElementById("root")
);
```

이것으로 Provider 준비를 마쳤습니다.

❸ State를 참조할 컴포넌트에서 React.useContext를 사용한다.

지금까지 과정을 통해 모든 컴포넌트가 작성한 Provider로 감싸진 상태가 되었습니다. 따라서 모든 컴포넌트에서 Context의 값을 참조할 수 있습니다. 시험 삼아 EditButton.jsx에서 참조해봅니다.

Context의 값을 EditButton.jsx에서 참조   **| EditButton.jsx**

```jsx
// "react"에서 useContext를 import
import { useContext } from "react";

// 작성한 Context를 import
import { AdminFlagContext } from "./providers/AdminFlagProvider";

const style = {
  width: "100px",
  padding: "6px",
  borderRadius: "8px"
};

export const EditButton = props => {
  const { isAdmin } = props;

  // useContext의 인수에 참조할 Context를 지정
  const contextValue = useContext(AdminFlagContext);
  console.log(contextValue); // {sampleValue: "테스트"}

  return (
    <button style={style} disabled={!isAdmin}>
      수정
    </button>
  );
};
```

useContext로 얻은 값에 Context에 설정한 객체가 들어있음을 확인했습니다. 이렇게 Context의 값을 사용하는 컴포넌트 측에서는 useContext를 사용해 그 인수에 대상 Context를 지정하기만 하면 참조할 수 있습니다. 구현도 매우 간단합니다. 그럼 이번 사양에 맞춰 실제로 State를 갖도록 변경해봅시다.

Context의 State 업데이트와 참조

이제 샘플값을 가진 객체를 참조할 수 있게 되었습니다. 다음으로 isAdmin 플래그를 State로서 Context에 저장하고 참조 및 업데이트 할 수 있도록 합니다.

먼저 AdminFlagProvider.jsx에서 State를 정의하고 그 State의 값과 업데이트 함수를 Context의 value에 설정합니다. 그렇게 하면 어떤 컴포넌트에서도 관리자 플래그를 참조 및 업데이트 할 수 있게 됩니다.

State 정의 | **AdminFlagProvider.jsx**

```jsx
import { createContext, useState } from "react";

export const AdminFlagContext = createContext({});

export const AdminFlagProvider = (props) => {
  const { children } = props;

  // 관리자 플래그
  const [isAdmin, setIsAdmin] = useState(false);

  // Context 객체로서 isAdmin과 setIsAdmin을 설정(객체 생략 표기법)
  return (
    <AdminFlagContext.Provider value={{ isAdmin, setIsAdmin }}>
      {children}
    </AdminFlagContext.Provider>
  );
};
```

다음으로 EditButton.jsx로 Context에서 isAdmin을 얻고 버튼의 disabled에 설정합니다.[1]

---

1 이 시점에서 props인 isAdmin은 삭제했습니다.

Context에서 isAdmin 얻기 | **EditButton.jsx**

```jsx
import { useContext } from "react";

import { AdminFlagContext } from "./providers/AdminFlagProvider";

const style = {
  width: "100px",
  padding: "6px",
  borderRadius: "8px"
};

export const EditButton = () => {
  // Context 안의 isAdmin을 얻는다.
  const { isAdmin } = useContext(AdminFlagContext);

  return (
    <button style={style} disabled={!isAdmin}>
      수정
    </button>
  );
};
```

그리고 App.jsx에서 원래 정의했던 isAdmin의 State는 삭제하고 Context에서 얻은 업데이트 함수를 [전환] 버튼 클릭 시 실행되도록 합니다.

업데이트 함수의 [전환] 버튼 클릭 시 실행 처리 | **App.jsx**

```jsx
import { useContext } from "react";

import { AdminFlagContext } from "./components/providers/AdminFlagProvider";
import { Card } from "./components/Card";

export const App = () => {
  // Context 안의 isAdmin과 업데이트 함수를 얻는다.
  const { isAdmin, setIsAdmin } = useContext(AdminFlagContext);

  // 전환 클릭 시
  const onClickSwitch = () => setIsAdmin(!isAdmin);
```

```
  return (
    <div>
      {isAdmin ? <span>관리자입니다</span> : <span>관리자가 아닙니다</span>}
      <button onClick={onClickSwitch}>전환</button>
      <Card isAdmin={isAdmin} />
    </div>
  );
};
```

마지막으로 버킷 릴레이를 했던 Card.jsx에서 불필요하게 된 Props를 삭제합니다.

불필요한 Props 삭제 | **Card.jsx**

```
import { EditButton } from "./EditButton";

const style = {
  width: "300px",
  height: "200px",
  margin: "8px",
  borderRadius: "8px",
  backgroundColor: "#e9dbd0",
  display: "flex",
  flexDirection: "column",
  justifyContent: "center",
  alignItems: "center"
};

// 간단해졌다.
export const Card = () => {
  return (
    <div style={style}>
      <p>야마다 타로</p>
      <EditButton />
    </div>
  );
};
```

이제 기능이 동작하는 것을 확인해봅시다. 올바르게 수정했다면 버킷 릴레이를 했던 때와 마찬가지로 다음(그림 7-5, 7-6)과 같이 [전환] 버튼을 클릭할 때마다 [수정] 버튼이 활성화/비활성화됩니다.

그림 7-5 관리자일 때

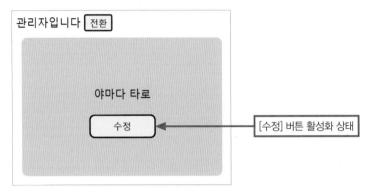

그림 7-6 관리자가 아닐 때

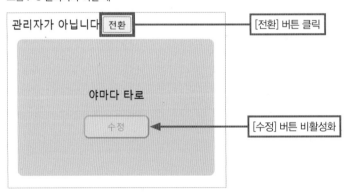

이렇게 Content를 사용함으로써 패키지 릴레이를 하지 않고 State 참조 및 업데이트를 할 수 있습니다. 7장 앞부분에서 설명한 것처럼 컴포넌트의 계층이 깊어지고 글로벌로 관리하는 State가 늘어날수록 Context를 사용하는 장점 또한 늘어납니다. 적절한 시점에서 도입해 컴포넌트를 단순하게 유지하는 것이 좋습니다.

글로벌 State 사용 여부는 어떻게 판단하면 좋을까요?

 예를 들면 애플리케이션의 여러 위치에서 참조하는 값이 있거나 계층 구조에 없는 컴포넌트 사이에서 값을 공유하는 경우가 많을 때 사용하면 좋아요!

 글로벌로 자주 관리하는 대상이 있을까요?

 이를테면 로그인한 사용자 정보가 있어요. 어떤 페이지에 있더라도 화면 오른쪽 위 등에 항상 사용자 정보를 표시하고 로그인 사용자 정보를 다양하게 제어하는 경우가 많으니까. 먼저 로그인 사용자 정보를 Context로 만들어보는 것도 좋아요!

재렌더링 주의

Context를 사용할 때 재렌더링 발생 여부 및 최적화 방법을 알아두는 것도 중요합니다.

먼저 Context 객체 하나의 값이 변경됐을 때는 useContext로 Context를 참조하고 있는 컴포넌트는 모두 재렌더링됩니다. 앞에서 봤던 예제로 설명하면, 어떤 컴포넌트에서는 setIsAdmin 함수만 사용하는 경우라도 isAdmin이 변경되는 시점에서 이 컴포넌트도 재렌더링이 됩니다. 같은 Context에 들어 있는 값이 변경된 경우에는 그 Context를 참조하는 컴포넌트는 모두 변경된다는 점을 기억해두기 바랍니다.

따라서 하나의 Context에 속성이 다른 다양한 State를 함께 두는 것은 피해야 합니다. 그리고 경우에 따라서는 업데이트 함수를 별도의 Context로 나누는 방법도 있습니다.

Provider는 중첩할 수 있으므로 다음과 같이 여러 Provider로 컴포넌트를 감쌀 수 있습니다.

> **서식** **여러 Provider로 컴포넌트 감싸기**

```
return (
  <AdminFlagProvider>
    <OtherProvider>
      <App />
    </OtherProvider>
  </AdminFlagProvider>
);
```

이렇게 재렌더링의 영향이 큰 경우에는 Context가 갖는 값을 고려해 재렌더링을 최적화할 수 있으므로 꼭 시도해보기 바랍니다.

7.3 기타 글로벌 State 취급 방법

지금까지 리액트에서 디폴트로 제공하는 Context에 관해 설명했습니다. Context와 같이 Props로 값을 전달하지 않고 State를 관리하는 방법이 몇 가지 있습니다. 이 방법들에 관해 간단하게 설명할 것이니 참고하기 바랍니다.

Redux

Redux는 2015년부터 사용된 상태 관리 라이브러리이며 몇 년에 걸쳐 리액트 상태 관리의 사실상 표준de facto standard에 가까운 위치에 있었습니다. 현재도 많은 프로젝트에 채용되어 있으며 대규모 프로젝트에 특히 적합한 것으로 알려져 있습니다. Redux는 메타가 발표한 Flux 아키텍처에 따라 설계되었으며 한 방향으로만 데이터가 흐르는 것이 특징입니다.

😀 사이트　Redux 공식 사이트

URL　https://redux.js.org/

그림 7-7 Redux 공식 사이트

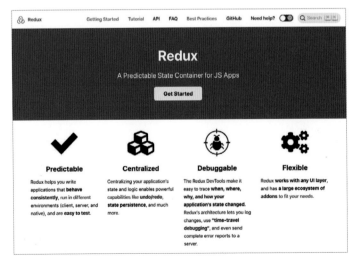

| Redux의 개념 |

Redux에서 사용하는 개념을 [그림 7-8]에 나타냈습니다.

그림 7-8 Redux 개념도

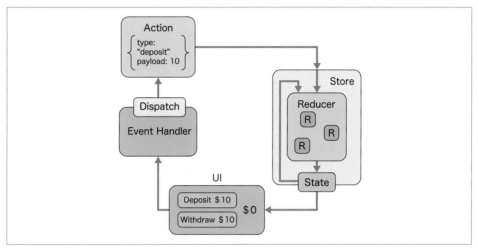

※ Redux 공식 사이트 인용(https://redux.js.org/tutorials/essentials/part-1-overview-concepts)

| Store |

Redux에서 모든 State는 Store라 불리는 객체 안에 저장됩니다. State를 업데이트 및 참조할 때도 Store에 적용합니다.

| Action, Dispatch |

Redux에서는 Action을 Dispatch합니다. Action이란 '이런 일이 발생했다'고 정의해두는 것입니다. 이를 Dispatch(송신)해서 State를 업데이트하는 계기를 만들 수 있습니다.

| Reducer |

Dispatch된 Action을 받는 것이 Reducer입니다. Reducer는 '현재 State'와 '받은 Action'에 대응해 새로운 State를 반환하는 함수입니다. Reducer가 새로운 State를 반환함으로써 Store 안의 State가 업데이트됩니다.

이렇게 반드시 State를 Store로 관리하고 State 업데이트는 정해진 규칙을 따라 한 방향으로 진행됨으로써 State 관리에 질서를 부여할 수 있는 점이 Redux의 큰 장점입니다.

Redux 현황

[그림 7–9]는 npm trends에서 확인한 리액트와 Redux의 과거 5년 동안 다운로드 수입니다 (2021년 8월 기준).

🖥 **사이트**　npm trends

`URL`　https://www.npmtrends.com/

그림 7-9 리액트와 Redux 다운로드 수

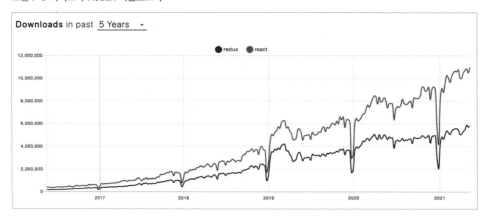

위 그림을 보면 리액트 애플리케이션의 절반이 Redux를 채용했음을 알 수 있습니다(Redux 는 리액트 전용 라이브러리가 아니므로 반드시라고 말할 수는 없습니다).

여전히 인기가 있는 Redux이지만 학습 비용이 높다는 점이나 파일 수나 번들 크기가 커지기 쉬운 측면도 있습니다. 따라서 도입할 때는 규모가 큰 애플리케이션이나 State 관리가 복잡해 질 것으로 예상되는 애플리케이션이 적절합니다.

최근에는 Context나 이를 다루는 Hooks, 뒤에서 소개할 상태 관리 대체 라이브러리들이 등 장해 다운로드 수도 조금씩 감소하고 있습니다. 다음에 소개할 Recoil이 정식 릴리즈되면 Redux를 채용하는 팀의 수가 더 줄어들지도 모르겠습니다.

Recoil

Recoil은 리액트를 개발한 메타가 제공하는 상태 관리 라이브러리로, 2020년 5월에 공개된 새로운 상태 관리 방법입니다. 2022년 9월 현재 아직 experimental(시험 단계)이지만 메타에서 개발을 진행하고 있기 때문에 이후 틀림없이 주류 도구가 될 것으로 보고 있습니다.

🔵 사이트   Recoil 공식 사이트
 URL   https://recoiljs.org/

그림 7-10 Recoil 공식 사이트

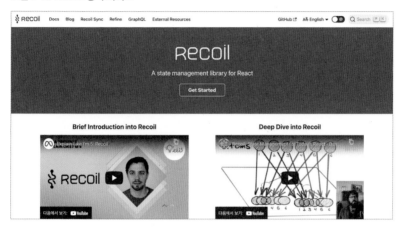

| Recoil의 개념 |

Recoil은 도입과 구현 장벽이 낮다는 점이 특징입니다. 가볍게 사용할 수 있다는 데 특화되어 있으며 문법도 리액트 훅^{React Hook}의 useState와 비슷한 use~의 형태로 익숙하게 이용할 수 있습니다.

그리고 Redux는 한 개의 큰 Store를 각 컴포넌트로부터 참조했지만 Recoil은 Redux의 Store에 해당하는 데이터 스토어를 여럿 작성할 수 있습니다(데이터 속성 등에 맞춰 스토어를 나눌 수 있음).

| Atom |

Atom은 데이터 스토어이며 애플리케이션에서 유일한 값을 키로 설정함으로써 데이터를 읽고 쓸 수 있습니다. Atom에서는 초깃값을 설정할 수 있습니다.

| Selector |

Selector는 Atom으로부터 데이터를 얻어 변환하는 도구입니다. Atom에서 직접 값을 참조할 수 있지만 얻은 값을 변환해야 하는 경우 등에는 Selector를 사용해 로직을 감출 수 있습니다.

기본적으로 기억해야 할 개념은 두 가지뿐입니다. 컴포넌트 측에서 참조 및 변경할 Atom을 지정하고, Recoil이 제공하는 useRecoilValue, useSetRecoilState, useRecoilState 같은 훅[Hook]을 사용해 useState와 유사하게 글로벌 State를 다룰 수 있습니다. Redux에 비해 매우 간단함을 알 수 있습니다.

Recoil 현황

Recoil은 아직 정식 릴리즈되지 않았습니다. 따라서 정식으로 릴리즈되기 전까지는 영향 범위가 큰 프로젝트에서 채용하는 것은 잠시 기다리는 편이 좋을 것입니다. 단, 핵심적인 부분은 크게 변하지 않을 것이므로 규모가 작은 프로젝트나 개인 개발에서는 적극적으로 활용해봐도 좋을 단계로 보입니다.

일본에서 화제를 모으고 있는 개발자 정보 공유 플랫폼 Zenn에서도 상태 관리로 Recoil을 채용했다고 공개하기도 했습니다. 이처럼 일본 내 채용 사례가 점점 증가하고 있습니다.

🔲 사이트　Zenn
　URL　https://zenn.dev/

Apollo Client

Apollo Client는 클라이언트 측에서 GraphQL[2] API를 효율적으로 조작할 수 있도록 지원하는 라이브러리입니다. 백엔드 처리에 GraphQL을 채용한 경우에 한정되지만 Apollo Client에서의 상태 관리도 선택할 수 있습니다.

🔲 사이트　Apollo Client 공식 사이트
　URL　https://www.apollographql.com/

2　GraphQL은 메타가 개발한 쿼리 언어로 REST를 대체하는 API 구조로서 주목받고 있습니다.

그림 7-11 Apollo Client 공식 사이트

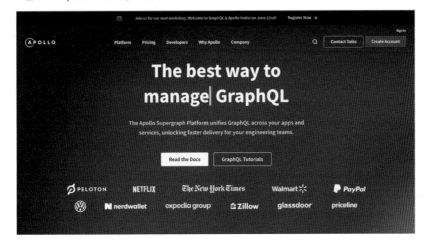

| Apollo Client의 개념 |

Apollo Client는 본래 데이터를 얻은 결과를 캐시하는 구조를 제공합니다. 캐시가 존재하면 API를 실행하지 않고 캐시값을 반환하는 작업만 가능했지만 2020년 Apollo Client 버전 3 이 출시되면서 클라이언트 상태 관리에 유용한 기능이 추가되었습니다.

| Reactive variables |

Reactive variables는 API 취득 결과의 캐시와는 달리 임의로 작성할 수 있는 데이터 스토어로, Recoil의 Atom과 같은 것으로 볼 수 있습니다. 리액티브라는 이름대로 값이 변경되면 그 값을 참조하는 컴포넌트나 쿼리도 함께 변경됩니다. Reactive variables도 비교적 간단하게 구현할 수 있으므로 기존 프런트엔드에서 Apollo Client를 사용하는 경우에는 효과적인 선택지가 될 것입니다.

Apollo Client 현황

GraphQL로 API를 주고받는 많은 프로젝트가 Apollo Client를 사용합니다. 따라서 이러한 프로젝트에서 글로벌 State를 관리하고자 할 때는 Apollo Client가 제공하는 기능을 사용하는 것이 좋습니다(애플리케이션 규모에 따라서는 Redux도 선택 가능).

상황 관리만을 위해 Apollo Client를 넣는 경우는 고려하기가 쉽지 않습니다. 지금까지 소개한 라이브러리와 달리 기술 선택지에 의존하는 환경도 있지만 하나의 선택지로 기억해두는 것도 좋을 것입니다.

배포가 뭔가요?

 어어??

 고토 씨, 무슨 일 있어요?

 제가 공부하면서 만든 리액트 애플리케이션을 localhost가 아니라 웹에서 누구나 볼 수 있도록 하고 싶은데요. 회사 서버에 프로젝트 폴더 만들기가 익숙하지 않아서요.

 그렇겠네요. 전에 말한 것처럼 지금 작성하는 코드가 그대로 동작하는 게 아니라 번들링이나 컴파일링을 해야 하니까요. 프로덕션용 코드를 만드는 걸 '빌드'라고 해요.

 빌드! 빌드하고 싶습니다!

 예를 들어 create-react-app으로 만든 프로젝트 package.json을 열어볼래요? scripts 안에 build라는 부분이 있을 거예요. npm rum build 명령어를 실행해봐요.

 오, 뭔가 움직여요! ... build 폴더가 만들어졌어요!

 그래요. 이제 빌드 결과물을 서버로 옮기면 내용이 보일 거예요. 그리고 이렇게 빌드한 것을 서버로 옮기는 것을 '배포'라고 불러요.

 매번 직접 빌드해서 서버에 옮기는 게 꽤 귀찮을 것 같네요.

 그렇게 귀찮아하는 고토 씨에게 필요한 게 바로 호스팅 서비스예요!

 호스팅 서비스가 뭔가요!

 서버를 제공함으로써 간단하게 배포할 수 있는 서비스를 말해요. 예를 들면 Vercel, Heroku, Netlify, Amplify, Console, GitHub Pages 등이 있어요!

굉장히 많네요! 그런 서비스를 사용하면 직접 빌드나 배포를 하지 않아도 되나요?

맞아요. 이렇게 대상 깃허브 저장소를 선택한 뒤에 잠깐 기다리면... 봐요, 배포가 끝났죠!
심지어 저장소에 변동 사항이 있으면 자동으로 재배포를 해주기도 해요.

와! 굉장하네요! 바로 사용해보겠습니다!!

7.4 정리

- 하위 계층의 컴포넌트에서 사용하기 위해 필요하지 않은 Props를 전달하는 것을 버킷 릴레이라 한다.
- Props를 이용한 버킷 릴레이가 증가하면 코드가 복잡해 지거나 재사용하기 어려운 컴포넌트가 되거나 불필요한 재렌더링이 증가하는 단점이 있다.
- 리액트가 제공하는 Context를 사용하면 글로벌값을 관리할 수 있다.
- Context를 다루는 단계는 다음과 같다.
    1. `React.createContext`로 Context의 프로바이더를 만든다.
    2. `Provider`로 감싼다.
    3. 컴포넌트에서 `React.useContext`를 사용한다.
- Context에 넣은 값이 무언가 변경되면 그 Context를 참조하는 모든 컴포넌트는 재렌더링된다.
- 렌더링을 최적화하고자 할 때는 Context에 넣는 데이터를 적절하게 분할해 여러 Provider를 작성한다.
- Redux, Recoil, Apollo Client 등의 라이브러리를 사용해 글로벌 State를 관리할 수 있다.
- 글로벌 State 관리 라이브러리로 리액트를 만든 메타가 개발한 Recoil을 점점 많이 채용하고 있다.

리액트와 타입스크립트

최근 프런트엔드 개발에서 타입스크립트 관련 지
식이 필수가 되었습니다. 이번 장에서는 타입스
크립트 기본 분법부터 리액트와 조합하는 방법,
그 장점 등에 관해 설명합니다. 한 단계 수준 높
은 리액트 개발을 향해 나아가봅시다.

리액트... 기억해야 할 것이 너무 많아...

이래저래 리액트를 배운 지 2주 정도가 지났다. 그럼에도 끝이 보이지 않는 리액트 학습의 길에 신입 사원 고토는 피폐해진 듯했다.

 그렇지만 분명히 전보다는 코드를 읽을 수 있게 되었잖아. 쉽게 이해할 수 있는 부분도 늘 어나서 재밌어졌어.

 선배는 긍정적이시네요. 저는 슬슬 지겨워지려고 합니다.

 뭐가 어떻다고요??

어느새 뒤에 서있던 사키오카 선배가 고토 씨의 말을 받았다. 웃으며 적당히 어물거리고 넘기려는 신 입을 농담하듯 노려보고 있다. 오늘도 안정의 여신이다.

 뭐, 지금 말은 못 들은 걸로 할까요? 두 사람에게 좋은 소식이 있어요. 이제부터 두 사람도 실제 프로젝트에 참여하게 되었어요!

 !!!

현장에 투입된다는 말을 듣고는 솔직히 기쁨 반 불안함 반이었다. 내 표정에서 생각을 읽었는지 사키 오카 선배가 말을 이었다.

 물론 아직 모르는 것도 있을 테고 갑자기 다른 사람과 같은 수준의 태스크를 담당하는 건 무리겠지요. 하지만 실제 태스크를 경험하는 게 성장에 가장 좋아요. 다른 사람이 쓴 코드 를 보거나 기능을 추가하는 흐름을 익히는 것도 학습이 되고요.

 그렇죠! 그럼 첫 번째 할 일은 뭔가요?

 처음은... 타입!

 타입이요??

 그래요, 타입. 타입스크립트를 알아두면 좋겠네요. 누시다 씨는 알고 있던가요?

 자바^{Java}와 같은 타입 언어처럼 자바스크립트도 타입 개념이 있는 것으로 알고 있습니다. 하지만 코드도 길어지고 에러도 많이 발생해서 솔직히 귀찮다는 생각도 하고 있는데요, 실제 리액트 프로젝트에서 사용되고 있나요?

 최근 2년 정도 프로젝트만 대상으로 한다면 타입스크립트 채용률은 100%. 즉 이제부터 리액트 개발에서는 필수 지식이라는 거죠

 코드가 길어지는데, 뭐가 그렇게 좋은가요??

 함수나 컴포넌트에 필요한 정보를 정의할 수 있기 때문에 이상한 부분을 미리 알 수 있고, 코드 입력 오류로 인한 버그를 막을 수 있으며, 타입이 설계서 같은 역할을 해주기 때문에 개발자 사이에서 인식을 맞추기도 쉽고, 편집기에서 코드 완성을 이용할 수 있어서 개발 효율이 높아지는 등 여러 가지로 좋아요!

사키오카 선배는 숨을 가다듬으면서 할 말을 생각하는 듯 잠시 멈췄다가 다시 이렇게 말했다.

 타입스크립트가 없는 리액트라니 있을 수 없어요!!

아무튼 굉장히 필요한 것임이 선배의 열변에서 전해졌다. 타입스크립트를 습득하면 리액트 개발의 즐거움이 하나 더 늘어날 것 같았기에 현장에서 바로 쓸 수 있도록 익혀두겠다고 다짐했다.

타입스크립트 기본

이제부터는 프런트엔드 개발을 시작한다면 타입스크립트에 관해 반드시 알아야 합니다. 타입스크립트를 이용하면 유지보수성은 물론 개발 효율도 향상되는 등 많은 장점을 얻을 수 있기 때문입니다. 먼저 타입스크립트 기본을 익힌 다음 리액트와 조합하는 방법을 학습합니다.

타입스크립트

타입스크립트는 마이크로소프트가 개발한 오픈 소스 언어입니다.

🌐 **사이트**   타입스크립트 공식 사이트

URL   https://www.typescriptlang.org/

그림 8-1 **타입스크립트 공식 사이트**

이름 그대로 자바스크립트에서 Type(형)을 다루도록 한 것입니다. 자바스크립트의 슈퍼셋^{superset}(상위셋)이며 자바스크립트 문법과 표기법을 모두 그대로 사용할 수 있습니다. 타입스크립트를 도입하면 변수나 컴포넌트가 받는 값의 타입을 정의할 수 있습니다. 의도하지 않는 값이 설정되어 발생하는 버그를 미리 방지할 수 있고 편집기가 제공하는 코드 완성 기능을 통해 DX^{Developer eXperince}(개발자 경험)를 향상할 수 있습니다.

최근 웹 애플리케이션 프런트엔드 개발은 매우 복잡하고 비대해지는 경향을 보입니다. 따라서 타입을 이용한 완전성과 견고성의 향상 없이는 지속적으로 안정된 애플리케이션을 제공하는 것이 매우 어렵습니다. 메타에서 공식 제공하는 리액트 프로젝트 작성 방법인 create-react-app에서도 간단하게 타입스크립트 프로젝트를 시작할 수 있는 --template typescript 라는 옵션을 이용할 수 있습니다.

▼ 리액트 프로젝트를 작성하는 명령어

```
npx create-react-app [프로젝트명] --template typescript
```

다음은 my-app이라는 이름으로 리액트×타입스크립트 프로젝트를 만드는 예입니다.

▼ my-app 프로젝트를 리액트×타입스크립트로 작성

```
npx create-react-app my-app --template typescript
```

타입스크립트를 이용하면 매우 많은 것을 할 수 있습니다. 처음부터 모든 것을 이해하려고 하지 말고 좀 더 수월하게 리액트 개발을 하는 데 도움이 되는 기본을 먼저 배워봅시다. 특히 이번 장에서는 리액트 개발에 필요한 실무적인 내용부터 설명합니다.

기본적인 타입 종류

먼저 기초 지식으로 타입 지정 방법과 기본적인 타입에 관해 소개합니다.

| 기본 타입 |

타입은 지정하고자 하는 변수 뒤에 : (콜론) 타입 종류와 같이 기술합니다. 다음은 각 타입의 지정 방법입니다.

서식 **string(문자열) 타입**

```
// : string으로 지정
let str: string = "A";
str = "10"; // OK
str = 10; // NG
```

문자열만 들어가는 변수는 string 타입을 지정합니다. string 타입을 지정한 변수에 문자열
이외의 값을 대입하려 하면 에러가 발생합니다.

number(수치) 타입

```
// : number로 지정
let num: number = 0;
num = 10; // OK
num = "10"; // NG
```

수치만 포함되는 변수는 number 타입을 지정합니다. number 타입을 지정한 변수에 수치 이외
의 값을 대입하려 하면 에러가 발생합니다.

boolean(논릿값) 타입

```
// : boolean으로 지정
let bool: boolean = true;
bool = false; // OK
bool = 10; // NG
```

true 또는 false만 포함되는 변수는 boolean 타입을 지정합니다. boolean 타입을 지정한 변
수에 참/거짓 이외의 값을 대입하려 하면 에러가 발생합니다.

Array(배열) 타입

```
// : Array<타입명> 또는 : 타입명[]으로 지정
// 수치를 저장하는 배열인 경우
const arr1: Array<number> = [0, 1, 2];
let arr2: number[] = [0, 1, 2];
arr1.push(10); // OK
arr2.push(10); // OK
arr1.push("10"); // NG
arr2 = 10; // NG
```

배열 변수에는 Array 타입을 지정합니다. 두 가지 방법으로 지정할 수 있으며 지정한 결과는
같습니다. Array<number>와 같이 <> 안에 타입을 지정하는 방법을 Generic(제네릭)이라고 부

르며 이후에 자세히 설명하겠습니다. 위와 같이 수치의 배열 타입을 지정한 변수에 수치가 아닌 값을 추가하려 하거나, 배열 이외의 값을 대입하려고 하면 에러가 발생합니다.

서식 null 타입

```
// : null로 지정
let null1: null = null;
null1 = null; // OK
null1 = 10; // NG
```

타입스크립트에서는 null도 별도 타입으로 제공됩니다. null만 들어갈 수 있는 변수는 null 타입을 지정합니다. null 타입 자체만 사용하는 경우는 거의 없지만 뒤에서 설명할 '문자열 또는 null'과 같이 복합적으로 타입을 정의할 때 사용하기도 합니다. null 타입을 지정한 변수에 null 이외의 값을 대입하려고 하면 에러가 발생합니다.

서식 undefined 타입

```
// : undefined로 지정
let undefined1: undefined = undefined;
undefined1 = undefined; // OK
undefined1 = 10; // NG
```

타입스크립트에서는 undefined도 별도 타입으로 제공됩니다. undefined만 들어갈 수 있는 변수는 undefined 타입을 지정합니다. undefined 타입 자체만 사용하는 경우는 거의 없지만 뒤에서 설명할 '문자열 또는 undefined'와 같이 복합적으로 타입을 지정할 때 사용하기도 합니다. undefined 타입을 지정한 변수에 null 이외의 값을 대입하려고 하면 에러가 발생합니다.

서식 any 타입

```
// : any로 지정
let any1: any;
any1 = false; // OK
any1 = 10; // OK
any1 = undefined; // OK
```

any 타입은 모든 값을 넣을 수 있는 타입을 지정할 때 사용합니다. 타입스크립트를 도입하는 의미가 없어지기 때문에 가급적 피하는 것이 좋습니다. 원래 타입스크립트를 사용하지 않았던 프로젝트에 타입스크립트를 적용하기 어려운 부분은 일단 모두 any로 지정한 뒤 점차 any를 없애거나, 개발 도중 아직 타입이 명확하기 지정되지 않았을 때 일시적으로 any 타입으로 진행하는 경우 등에 사용합니다. 이 경우 코멘트 등을 사용해서 any가 남아 있는 것을 잊지 않도록 합니다.

| 함수 타입 지정 |

함수 타입은 '인수 타입'과 '반환값 타입'을 각각 지정합니다. 괄호 안에 인수, 괄호 밖에 반환값 타입을 지정합니다.

> **서식** **함수 타입, void 타입**

```
// : void로 지정
// 함수 타입은 (인수: 인수 타입명): 반환값의 타입명 => {}
const funcA = (num: number): void => {
  console.log(num);
};
funcA(10); // OK
funcA("10"); // NG
funcA(); // NG
```

위 예에서는 인수에 number 타입이 지정되어 있으므로 수치 이외의 함수에 전달하려 하면 에러가 발생합니다.

그리고 void 타입이란 함수가 아무것도 반환하지 않음을 의미합니다. 타입스크립트는 타입 추론을 하므로 함수 안에서 아무것도 return하지 않으면 자동으로 void 타입이 됩니다. 하지만 위와 같이 명시적으로 void를 지정해둠으로써 함수 안에서 return문을 기술하면 에러가 발생하도록 할 수 있습니다.

> **서식** **객체 타입**

```
// : { : 타입명, : 타입명 ... }으로 설정
const obj: { str: string, num: number } = {
```

```
  str: "A",
  num: 10,
};
obj.str = "B"; // OK
obj.num = 20; // OK
obj.str = 10; // NG
obj.num = null; // NG
obj = 10; // NG
```

객체에는 각 속성마다 타입을 지정할 수 있습니다. 지정된 타입 이외의 변수를 속성에 설정하려 하면 에러가 발생합니다. 그리고 원래 객체가 아닌 값을 설정하려 해도 에러가 발생합니다.

복합 타입

다음으로 복합 타입에 관해 소개합니다.

> **서식** **intersection(교차) 타입**
>
> ```
> // 타입 & 타입으로 지정
> const obj: { str: string } & { num: number } = {
>   str: "A",
>   num: 10,
> };
> obj.str = "20"; // OK
> obj.num = "10"; // NG
> ```

intersection은 여러 타입을 조합해 새로운 타입 정의를 만들기 위해 사용합니다. &로 여러 타입을 지정해서 사용할 수 있습니다. 다음 예제처럼 같은 타입 정의의 속성(str: string)이 존재하더라도 병합되어 문제없이 동작합니다.

> 📋 같은 타입 정의의 속성(str: string)이 존재하는 경우
>
> ```
> type TypeA = {
>   str: string;
>   num: number;
> }
> type TypeB = {
> ```

```
  str: string;
  bool: boolean;
}

// TypeA와 TypeB로부터 새로운 TypeC를 작성
type TypeC = TypeA & TypeB;

const obj: TypeC = {
  str: "A",
  num: 10,
  bool: false,
};
```

예제에 type 구문을 사용했습니다. 이는 타입스크립트에서 타입을 정의하기 위한 구문입니다. 타입 정의를 변수화해 재사용함으로써 매번 복잡한 타입을 기술할 필요가 없어지고 타입 정보를 일원화해서 관리할 수 있어 개발 효율이 향상됩니다. intersection을 사용해 이와 같이 두 개의 타입 정의로부터 새로운 타입을 만들어 변수에 설정할 수 있습니다.

> **서식** **union(병합, 공용체) 타입**

```
// 타입 | 타입으로 지정
let val1: string | number = "";
val1 = "A"; // OK
val1 = 10; // OK
val1 = []; // NG
```

union은 여러 타입을 허용합니다. '문자열이 설정되기도 하고 수치가 설정되기도 한다'는 사양 등에 활용할 수 있습니다. 본래 필요하지 않은 것까지 union으로 정의하면 코드의 의도를 전달하기 어렵거나 버그의 원인이 되므로 항상 필요한 것만 필터링되도록 주의해야 합니다.

여기까지 기본적인 타입에 관해 설명했습니다. 이외의 타입들도 있지만 우선 리액트×타입스크립트 입문으로서 최소한만 소개했습니다. 여기에 익숙해진 다음 더 자세히 알고 싶다면 다른 타입스크립트 서적 등을 참고하기 바랍니다.

Generic

타입스크립트를 할 때 Generic(제네릭)은 빼놓을 수 없는 개념입니다. 제네릭은 타입의 정의를 사용할 때 동적으로 변경할 수 있는 기능을 제공합니다. 먼저 타입 정의를 확인해봅니다.

📟 **타입 정의 예**

```
type CustomType<T> = {
  val: T;
}
```

<T> 부분이 제네릭 특유의 작성법입니다. 타입 뒤에 <T>와 같이 타입 변수와 같은 것을 정의함으로써 val: T와 같이 동적으로 속성 val이라는 타입을 다룰 수 있습니다. 여기에서 T는 다른 문자여도 관계없으며 대문자 한 문자로 표현하는 것이 일반적입니다. Type의 T라는 의미에서 T를 자주 사용하지만 S든 U든 무엇을 사용해도 문제없습니다. 예제의 CustomType은 다음과 같이 사용합니다.

> **서식** **CustomType 사용 방법**

```
const strObj: CustomType<string> = { val: "A" };
```

사용할 때는 <> 안에 임의의 타입명을 지정합니다. 이렇게 함으로써 속성 val은 string 타입이 되므로 string 이외의 값은 받지 못합니다.

📟 **string 이외의 값을 대입한 경우**

```
// 다음과 같이 하면 에러가 발생한다.
const strObj: CustomType<string> = { val: 10 };
```

제네릭은 사용하는 측이 임의로 타입을 지정해 자유롭게 사용할 수 있기 때문에 특성상 라이브러리 타입 정의 등에서 자주 이용됩니다. 실제 리액트에서도 useState로 정의한 State에 타입을 붙일 때는 다음과 같이 제네릭을 사용합니다.

📟 **useState 정의 시 제네릭 이용**

```
const [str, setStr] = useState<string>("");
```

위 str은 string 타입으로 정의됩니다. 수치로 업데이트하면 에러가 발생합니다.

📺 **값을 string 이외의 값으로 업데이트한 경우**

```
const [str, setStr] = useState<string>("");

// string 이외의 값으로 변경할 수 없다.
setStr(10); // 에러
```

제네릭은 타입스크립트를 이용한 개발에서 자주 등장합니다. 나타나더라도 두려워하지 않고 사용할 수 있도록 익혀두기 바랍니다.

설정 파일(tsconfig)

타입스크립트를 도입한다 해서 모든 프로젝트에 같은 규칙을 적용할 필요는 없습니다. 세세하고 다양한 설정을 프로젝트에 맞춰 커스터마이즈할 수 있습니다. 규칙을 극단적으로 느슨하게 설정하면 자바스크립트와 거의 같은 코드로 움직이게 할 수도 있습니다. 프로젝트마다 세세한 설정은 tsconfig.json을 통해 지정합니다. 또한 create-react-app --template typescript 로 작성했을 때의 기본 tsconfig.json은 다음과 같습니다(2022년 9월 기준).

폴더 구성 **프로젝트 작성 시의 tsconfig.json**

```
📁 [프로젝트]
├── 📁 public
│   └── 📄 ...
├── 📁 src
│   └── 📄 ...
├── 📄 tsconfig.json
└── 📄 package.json 등
```

프로젝트 작성 시의 tsconfig.json | **tsconfig.json**

```
{
  "compilerOptions": {
    "target": "es5",
    "lib": [
```

```
      "dom",
      "dom.iterable",
      "esnext"
    ],
    "allowJs": true,
    "skipLibCheck": true,
    "esModuleInterop": true,
    "allowSyntheticDefaultImports": true,
    "strict": true,
    "forceConsistentCasingInFileNames": true,
    "noFallthroughCasesInSwitch": true,
    "module": "esnext",
    "moduleResolution": "node",
    "resolveJsonModule": true,
    "isolatedModules": true,
    "noEmit": true,
    "jsx": "react-jsx"
  },
  "include": [
    "src"
  ]
}
```

기본 설정은 이와 같지만 그 밖에도 항목을 설정할 수 있습니다. 모든 설정 항목을 여기에서
소개하는 것은 불가능하므로 리액트×타입스크립트 개발을 시작하는 데 파악해두면 좋을 최
소한의 항목에 관해서만 설명하겠습니다. 또한 tsconfig.json의 각 항목은 공식 사이트의 다
음 페이지에 한국어로 설명되어 있으므로 참고하기 바랍니다.

🌐 사이트　　타입스크립트 공식 사이트의 tsconfig 레퍼런스

URL　　https://www.typescriptlang.org/ko/tsconfig

그림 8-2 TSConfig 레퍼런스

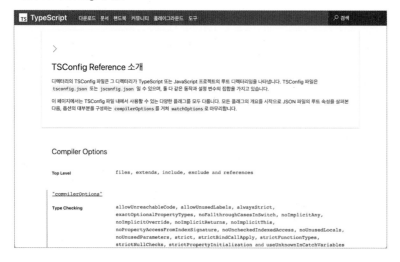

| target |

target에는 어떤 버전의 자바스크립트로 컴파일할 것인가를 지정합니다. 예제에서는 es5로 지정했습니다. 이 책에서도 설명한 것처럼 ES6에 많은 기능이 추가되기는 했지만 일부 대응하지 않는 브라우저도 있습니다. 따라서 그런 브라우저에서도 잘 작동할 수 있도록 es5로 설정했습니다. 브라우저의 대응 상황에 맞춰 점점 target 버전을 높여가는 것이 좋습니다.

| lib |

target에 지정한 버전에 존재하지 않는 기능을 사용할 때는 lib에 추가해 사용할 수 있습니다. 앞에서 esnext라는 코드가 있었습니다. ESNext란 다음으로 발표될 ECMAScript의 사양, 다시 말해 최신 자바스크립트의 표기법이라는 의미입니다(dom과 dom.iterable은 리액트 개발에 필요). 만약 브라우저가 최신 사양에 대응한다면 target에 esnext를 지정하고 lib에는 esnext를 지정할 필요가 없습니다(그럴 일은 없겠지만...).

| Module |

자바스크립트는 백엔드에서 사용할 때와 프런트엔드에서 사용할 때의 모듈 패턴이 다릅니다. 그렇기 때문에 프런트엔드에서 사용할 때는 module에 esnext를 지정합니다(es2021 등도 가능). 또한 백엔드에서 사용할 때는 module에 commonjs를 지정합니다.

| jsx |

리액트 개발에서는 필요한 설정입니다. JSX 구문이 어떻게 자바스크립트 파일에 출력되는지 설정합니다. 리액트 16 버전까지는 react를 지정했지만 17 버전에서 JSX의 변환 로직이 업데이트되었는데 그에 대응한 설정이 react-jsx입니다.

| strict |

strict에는 true 또는 false를 설정할 수 있습니다. 프로그램이 가능한 한 안전하게 동작하도록 타입스크립트가 권장하는 설정을 몇 가지 모아서 활성화하는 설정입니다. 이후 새롭게 개발할 때는 true로 설정하는 것을 권장합니다. true로 설정하면 다음 규칙이 함께 적용됩니다.

표 8-1 strict를 true로 설정했을 때 적용되는 설정 목록

설정	설명
alwaysStrict	ECMAScript의 strict 모드로 해석한다.
noImplicitAny	암묵적으로 any가 추론되지 않도록 한다.
noImplicitThis	암묵적으로 this에 any가 추론되지 않도록 한다.
strictBindCallApply	내장 메서드인 call과 bind, apply가 올바른 인수로 호출될 수 있도록 한다.
strictFunctionTypes	함수의 인수를 엄밀하게 체크한다.
strictNullChecks	null과 undefined를 엄밀하게 나누어 체크한다.
strictPropertyInitialization	Class의 constructor가 설정되도록 한다.

strict를 true로 설정하고 표의 각 항목을 개별적으로 off로 설정할 수 있습니다. 기존 자바스크립트 프로젝트를 타입스크립트 프로젝트로 바꿀 때 갑자기 "strict": true로 설정하면 수많은 에러가 발생합니다. 먼저 false에서 시작해 항목을 하나씩 대응하면서 최종적으로 true로 바꾸는 것이 이상적입니다. 이외에도 많은 설정 항목이 있으므로 프로젝트에 맞춰 세세한 규칙을 추가하거나 삭제하는 걸 검토해보면서 개발하길 바랍니다.

8.2 API로 얻은 데이터에 대한 타입 정의

Mini Episode

현장에서 학습을 병행하면서 작은 태스크를 진행하고 있는 나와 고토 씨에게 어느 날 과장님이 찾아왔다.

 누시다~! 예전에 만들었던 사내 시스템이 좀 이상하네~! 여기, 이름이 표시되지 않는걸!

 아... 네, 정말 표시가 안 되네요.

 일단 이름이 나오도록 수정 부탁해~!

 네? 제가요?

 괜찮아, 괜찮아! 할 수 있어. 할 수 있다고!

'하하하'라는 웃음을 남기고 과장님은 사라졌다. 아무래도 이 사내 시스템은 오래전에 만들고 별로 사용하지는 않았던 것 같다. 타입스크립트도 도입되지 않았다. 좋은 공부가 되리라 생각하면서 이 작은 애플리케이션을 타입스크립트로 바꿔보기로 했다.

그럼 실전에 어떻게 타입스크립트를 적용하는지 확인해봅시다. 다음과 같은 엔드포인트가 존재하고 API를 호출하면 다음과 같은 목록 데이터를 얻을 수 있다고 가정합니다.

 엔드포인트

```
https://example.com/users
```

데이터 결과

```
[
  {
    "id": 1,
```

```
      "name": "누시다",
      "age": 24,
      "personalColor": "blue"
    },
    {
      "id": 2,
      "name": "사키오카",
      "age": 28,
      "personalColor": "pink"
    },
    {
      "id": 3,
      "name": "고토",
      "age": 23,
      "personalColor": "green"
    }
  ]
```

애플리케이션은 API를 통해 예제 데이터를 가져오고 id; 이름(연령) 형식의 목록으로 표시한다고 가정합니다(그림 8-3).

그림 8-3 목록 표시 결과

1:누시다(24)
2:사키오카(28)
3:고토(23)

버그 때문에 이름이 그림과 같이 표시되지 않는 것 같으니 현재 코드를 확인해봅니다. tsconfig.json 설정이나 확장자를 tsx로 변경하는 것은 완료되었다고 가정합니다. 지금까지의 리액트 컴포넌트는 .jsx라는 확장자로 구현했지만 타입스크립트는 .tsx로 합니다. 마찬가지로 .js도 .ts가 되므로 확장자가 틀리지 않도록 주의합니다.

```
[프로젝트]
├── public
│   └── ...
├── src
│   ├── components
│   │   └── ListItem.tsx
│   ├── App.tsx
│   └── index.tsx
└── package.json,tsconfig.json 등
```

현재 코드 | **App.tsx**

```tsx
import { useEffect, useState } from "react";
import { ListItem } from "./components/ListItem";
import axios from "axios";

export const App = () => {
  // 얻은 사용자 정보
  const [users, setUsers] = useState([]);

  // 화면에 표시될 때 사용자 정보 얻기
  useEffect(() => {
    axios.get("https://example.com/users").then((res) => {setUsers(res.data);
    })
  }, []);

  return (
    <div>
      {users.map(user => (
        <ListItem id={user.id} name={user.nama} age={user.age} />
      ))}
    </div>
  );
};
```

현재 코드　　　　　　　　　　　　　　　　　　　　　　　　　　| **ListItem.tsx**

```
export const ListItem = props => {
  const { id, name, age } = props;
  return (
    <p>
      {id} : {name}({age})
    </p>
  );
};
```

axios는 HTTP 통신을 위한 라이브러리이며 API 통신 시 자주 이용됩니다. 여기에서는 API를 호출하고 얻은 데이터를 State에 설정합니다.

예제 코드에서 이름이 보이지 않는 이유를 주의 깊게 살펴봅시다. App.tsx에서 ListItem.tsx에 Props를 전달하는 부분에 name이 아니라 nama로 되어 있음을 알 수 있습니다.

> 📋 **철자 실수**
>
> ```
> {users.map(user => (
>   <ListItem id={user.id} name={user.nama} age={user.age} />
> ))}
> ```

미세한 오타 때문에 발생한 에러를 수정하는 데 시간을 쓰는 것은 아까우니 타입스크립트의 힘으로 해결해봅니다.

얻은 데이터에 대한 타입 정의

어떤 데이터를 얻었는지 미리 타입으로 정의함으로써 프런트엔드 코드 안에서의 버그를 줄일 수 있습니다. 먼저 타입 정의를 작성합니다.

타입 정의　　　　　　　　　　　　　　　　　　　　　　　　　　| **App.tsx**

```
import { useEffect, useState } from "react";
import { ListItem } from "./components/ListItem";
import axios from "axios";
```

```
// 사용자 정보 타입 정의          ●┄
type User = {                   ┊
  id: number;                   ┊
  name: string;                 ┊┄┄┄┄ 추가
  age: number;                  ┊
  personalColor: string;        ┊
};                            ●┄┘

export const App = () => {
  // ... 생략
};
```

이 API에서 얻을 수 있는 것은 id, name, age, personalColor 네 항목이므로 타입을 각각 string, number로 정의합니다. axios는 get<타입>과 같이 제네릭으로 타입을 설정해도 됩니다. State에도 같은 타입을 지정합니다(여기에서는 User의 배열).

State에 같은 타입을 지정 | **App.tsx**

```
// ... 생략

export const App = () => {
  // 얻은 사용자 정보
  const [users, setUsers] = useState([]); ●───────────── 삭제
  const [users, setUsers] = useState<User[]>([]); ●───────── 추가

  // 화면에 표시될 때 사용자 정보 얻기
  useEffect(() => {
    axios.get("https://example.com/users").then((res) => { ●───────────── 삭제
    axios.get<User[]>("https://example.com/users").then((res) => { ●───────── 추가
      setUsers(res.data);
    })
  }, []);

  // ... 생략
};
```

이렇게 타입을 정의하면 편집기에서 지금까지 오타가 발생했던 위치에 [그림 8-4]와 같이 에러 및 출력 결과에 어떠한 메시지가 표시됩니다.

그림 8-4 nama가 에러 원인

```
name={user.nama}
```

출력 결과

```
Property 'nama' does not exist on type 'User'.
```

'nama는 속성이 아니다'라는 메시지입니다. 물론 컴파일할 때도 에러가 발생하므로 '프로덕션 환경에서 이상하게 실행된다'는 사태를 피할 수 있습니다. 이런 안전함이 타입스크립트를 통해 얻을 수 있는 이점 가운데 하나입니다.

그리고 타입을 지정하면 편집기에서 보완 기능을 이용할 수 있습니다. 예를 들어 user.까지 입력하면 [그림 8-5]와 같이 이런 속성이 있다고 표시해줍니다. 커서를 이용해 선택하고 [Enter] 키를 누르는 것만으로 입력할 수 있습니다.

그림 8-5 값 후보 표시

API 등은 기본적으로는 어떤 데이터를 얻었는지 알 수 없으므로 사전에 타입을 정의해두면 더욱 안전하게 개발할 수 있습니다. 그리고 백엔드 팀과 프런트엔드 팀에서 API에 관한 인식을 맞출 때도 매우 유용합니다.

얻은 데이터나 State에 타입을 부여할 수는 없으나 현 단계에서는 Props에 대한 타입은 정의되어 있습니다. 따라서 다음과 같이 Props명을 nama로 잘못 입력하면 앞에서와 마찬가지로 이름이 출력되지 않는 버그가 발생합니다.

> 📺 **Props가 nama로 설정된 경우**
>
> ```
> {users.map(user => (
>   <ListItem id={user.id} nama={user.name} age={user.age} />
> ))}
> ```

그림 8-6 Props가 잘못 지정되어 있어 이름이 표시되지 않음

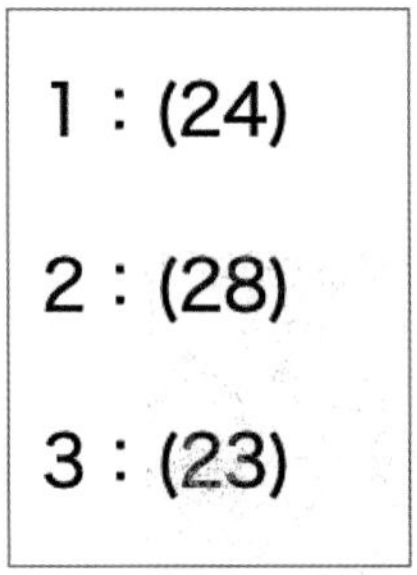

1 : (24)

2 : (28)

3 : (23)

'이 컴포넌트는 어떤 Props를 받는지'를 사전에 코딩 단계에서 안다면 오타는 물론 과부족(파라미터의 많고 적음)을 알 수 있으므로 개발 효율이 높아집니다. 그럼 Props에도 타입을 정의해봅니다. 자녀 컴포넌트 측에서 같은 타입을 정의하고 인수의 props에 대해 타입을 정의합니다.

Props 타입 정의 | **ListItem.tsx**

```
// Props 타입 정의
type User = {
  id: number;
  name: string;    ┤-----추가
  age: number;
};
```

```
// props에 타입을 정의
export const ListItem = props => {  ●----------------삭제
export const ListItem = (props: User) => {  ●---------추가
  const { id, name, age } = props;
  return (
    <p>
      {id} : {name}({age})
    </p>
  );
};
```

이와 같이 타입을 지정하면 편집기에서 잘못 입력했던 위치에 [그림 8-7]과 같은 에러가 보이고 [출력 결과]의 에러 메시지가 표시됩니다.

그림 8-7 Props의 nama가 에러

```
nama={user.name}
```

출력 결과

```
Property 'nama' does not exist on type 'IntrinsicAttributes※ & User'.
```

※ IntrinsicAttributes는 모든 컴포넌트에 부여되는 타입

'nama라는 속성은 없다'고 알려주고 있습니다. 그리고 시험 삼아 name을 삭제해보면 정의되었어야 할 타입이 Props에 정의되지 않은 경우도 에러를 감지하는 것을 알 수 있습니다.

그림 8-8 Props 부족 에러

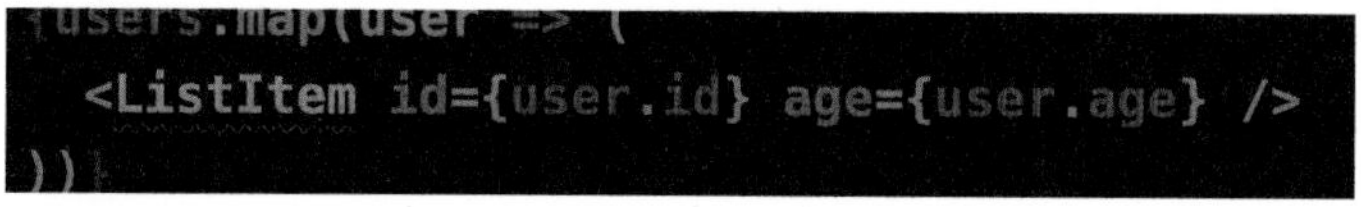

```
{users.map(user => (
  <ListItem id={user.id} age={user.age} />
))}
```

출력 결과

```
Property 'name' is missing in type '{ id: number; age: number;}' but required in type
'User'.
```

'User 타입에 필요한 name 속성이 없다'고 알려줍니다. 이렇게 컴포넌트의 Props 타입을 지정하면 컴포넌트 사이 Props를 안전하게 전달할 수 있게 됩니다.

Mini Episode

 과장님, 이름이 표시되지 않는 버그를 수정했습니다. 타입 정의도 부여했으므로 이후 같은 버그가 발생하기는 어려울 것입니다.

 확인해볼게! 아, 그렇지 누시다 씨. 한 가지 더 부탁해도 될까? 표시되는 글자 색을 각각 등록한 퍼스널 컬러로 하고 싶은데.

'다른 일이 있습니다만'이라고 말하려다 꾹 참았다. 모처럼의 기회다. 타입스크립트를 연습할 수 있는 기회라고 긍정적으로 생각하기로 했다.

글자 색상을 `personalColor`로 지정하기 위해서는 컴포넌트에 새로운 Props를 추가해야 합니다. 먼저 `ListItem.tsx`의 Props 타입 수정과 색상을 입히는 부분의 코드를 작성해봅니다.

Props 타입을 수정하고 글자 색상 입히기 | ListItem.tsx

```
// Props 타입 정의
type User = {
  id: number;
  name: string;
  age: number;
  personalColor: string;  ●---------추가
};

export const ListItem = (props: User) => {
  const { id, name, age } = props;  ●-----------------------삭제
  const { id, name, age, personalColor } = props;  ●---------추가
  return (
    <p>  ●-------------------------------------------------삭제
    <p style={{ color: personalColor }}>  ●-------------------추가
      {id} : {name}({age})
    </p>
  );
};
```

다음으로 부모 컴포넌트의 Props에 personalColor를 추가합니다.

personalColor 추가 | App.tsx

```
{users.map(user => (
  <ListItem id={user.id} nama={user.name} age={user.age} personalColor={user.
personalColor} />
))}
```

이렇게 기능을 추가할 때도 타입 정의부터 수정하고 그 뒤에 에러가 발생하는 부분을 대응하는 것이 좋습니다. 변경의 영향 범위를 알기 쉽기 때문입니다. 타입스크립트가 리팩터링에 강하다고 말하는 것은 이 때문입니다.

Mini Episode

 선배! 전에 수정했던 사내 시스템 말인데요.

 무슨 일인데요?

 User 타입이 App.tsx, ListItem.tsx에 모두 동일하게 작성되어 있는데, 이거 과장님이 또 뭔가 말씀하셔서 항목이 늘어나면 양쪽 모두 수정해야만 하는 거겠죠? 너무 귀찮은데요!

그렇다. 고토는 제멋대로이지만 이런 것에는 눈치가 빠르다. 타입 관리에 관해 알아보기로 했다.

8.4 타입 정의 관리 방법

같은 타입 정의를 여러 위치에서 사용하는 경우 하나의 타입을 여러 컴포넌트에서 재사용할 수 있습니다. 매번 정의하는 것은 번거로우므로 타입을 일원화해서 관리하는 것이 좋습니다. 이번에는 User 타입을 하나의 파일에 정의하고 App.tsx와 ListItem.tsx에서 각각 그 정보를 참조하는 방법에 관해 설명합니다. 우선 타입 정보를 넣기 위한 types 폴더를 준비하고 그 안에 사용자에 관한 타입을 넣는 user.ts를 작성합니다.

```
[프로젝트]
├─ public
│  └─ ...
├─ src
│  ├─ components
│  │  └─ ListItem.tsx
│  ├─ types        ◄────── 추가
│  │  └─ user.ts   ◄────── 추가
│  ├─ App.tsx
│  └─ index.tsx
└─ package.json, tsconfig.json 등
```

사용자 정보 타입 넣기 | **user.ts**

```typescript
export type User = {
  id: number;
  name: string;
  age: number;
  personalColor: string;
};
```

type도 export, import해서 사용할 수 있습니다.

export한 타입 정의를 사용하는 파일 ① | **App.tsx**

```typescript
import { useEffect, useState } from "react";
import { ListItem } from "./components/ListItem";
import axios from "axios";
import type { User } from "./types/user";  ●────────── 추가

type User = {               ●────────
  id: number;                        ┊
  name: string;                      ┊────── 삭제
  age: number;                       ┊
  personalColor: string;             ┊
};                          ●────────
```

```
export const App = () => {
  // 얻은 사용자 정보
  const [users, setUsers] = useState<User[]>([]);

  // 화면에 표시될 때 사용자 정보 얻기
  useEffect(() => {
    axios.get<User[]>("https://example.com/users").then((res) => {
      setUsers(res.data);
    })
  }, []);

  // ... 생략
};
```

export한 타입 정의를 사용하는 파일 ② | ListItem.tsx

```
import type { User } from "../types/user";  ●--------- 추가

type User = {                     ●-------
  id: number;                            |
  name: string;                          |------ 삭제
  age: number;                           |
  personalColor: string;                 |
};                                ●-------

export const ListItem = (props: User) => {
  const { id, name, age, personalColor } = props;
  return (
    <p style={{ color: personalColor }}>
      {id} : {name}({age})
    </p>
  );
};
```

import type { ~ } from과 같이 import 뒤에 type이 오는 점에 주의합니다. 이것은 타입스
크립트 3.8 버전부터 추가된 명시적 타입 정의만 import하기 위한 구문입니다. type을 붙이
지 않아도 작동하지만 타입 정의 import 시에는 잊지 않고 사용하도록 합니다. 컴파일할 때
타입에 관한 코드는 제거되므로 불필요한 코드는 포함되지 않도록 할 수 있습니다.

이렇게 재사용할 타입 정의를 다른 파일에 나눠서 운영함으로써 만약 User 배열 타입 정의에 변경이 있더라도 수정 범위를 좁힐 수 있습니다. 더 효율적으로 타입스크립트 개발을 진행할 수 있으므로 공통된 타입 정의 관리에 활용하면 좋습니다.

8.5 컴포넌트 타입 정의

지금까지는 사용하지 않았지만 사실 함수 컴포넌트 자체 타입 정의라는 것이 있습니다. FC와 VFC입니다. 다음과 같이 컴포넌트명 뒤에 일반적인 타입과 동일하게 지정합니다. Props의 타입은 제네릭으로 설정합니다.

함수 컴포넌트 자체 타입 정의 | **ListItem.tsx**

```tsx
import type { FC } from "react"; ●---------추가
import type { User } from "../types/user";


export const ListItem = (props: User) => { ●-----------삭제
export const ListItem: FC<User> = props => { ●---------추가
  const { id, name, age, personalColor } = props;
  return (
    <p style={{ color: personalColor }}>
      {id} : {name}({age})
    </p>
  );
};
```

컴포넌트 타입 정의를 사용하면서 JSX를 반환하지 않으면 에러가 발생하거나 컴포넌트 고유의 설정이 나오게 되므로 기본적으로 함수 컴포넌트에는 FC나 VFC를 지정하도록 합니다.

FC와 VFC의 차이

한마디로 말해 'FC는 타입 정의에 암묵적으로 children을 포함한다. VFC는 포함하지 않는다'는 차이가 있습니다(리액트 17 버전). 하지만 [그림 8-9]와 같이 리액트 18 버전에서는 FC에서도 children이 제외될 예정입니다.

🌐 사이트   깃허브(리액트 18 버전 정보)

URL   https://github.com/DefinitelyTyped/DefinitelyTyped/issues/46691

그림 8-9 FC에서 children이 제외됨

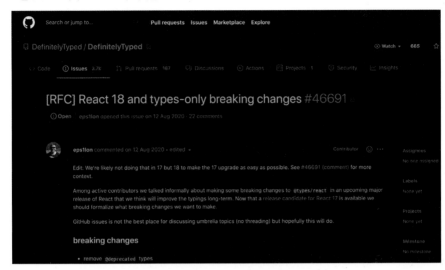

암묵적으로 children을 포함하면 사용하는 것과 그렇지 않은 것이 알기 어려워집니다. 따라서 children을 사용할 때는 명시적으로 타입을 지정합니다. 리액트 17 버전에 가장 적합한 방법으로는 VFC를 사용해 children을 명시적으로 지정(children: React.ReactNode)하고 18 버전이 되었을 때는 VFC를 모두 FC로 전환하는 것을 선택할 수 있습니다. 만약 버전이 이미 18 이상일 경우에는 처음부터 FC를 사용하면 됩니다.

8.6 생략 가능한 타입 정의

지금까지 설정한 타입 정의는 모두 필수 타입 정의입니다. 따라서 이전 단계에서 설명한 것처럼 ListItem의 Props에서 personalColor를 삭제하면 에러가 발생합니다(그림 8-10).

그림 8-10 Props 부족 에러

```
users.map((user) => {
<ListItem id={user.id} name={user.name} age={user.age} />
```

그러나 개발 과정에서 Props 안에는 '상황에 따라 설정되는' 것이 많습니다. 이런 경우 에러까지 이어지는 다소 곤란한 상황에는 어떻게 대응해야 할까요? 답은 간단합니다. user.ts 타입 정의의 각 속성명 뒤에 생략 가능함을 의미하는 ?를 붙이면 됩니다.

생략 가능함을 의미하는 '?'　　　　　　　　　　　　　　　　　　　　　　**| user.ts**

```
export type User = {
  id: number;
  name: string;
  age: number;
  personalColor: string;    ●---------- 삭제
  personalColor?: string;   ●--------- 추가
};
```

이제 앞에서 발생하던 에러가 사라졌습니다(그림 8-11).

그림 8-11 Props 에러가 사라짐

```
<ListItem id={user.id} name={user.name} age={user.age} />
```

물론 personalColor를 설정해도 문제없이 동작합니다. ?를 붙임으로써 User 타입 안 personalColor의 타입 정의는 string | undefined와 동일해집니다. 따라서 Props로 설정하지 않아도 undefined를 받을 수 있으므로 에러가 표시되지 않게 됩니다.

이때 예를 들어 personalColor가 지정되지 않은 경우 글자 색은 회색을 기본으로 설정하고 싶을 경우 분할 대입의 디폴트값을 설정해서 대응할 수 있습니다.

분할 대입의 디폴트값을 설정　　　　　　　　　　　　　　　　　　　　**| ListItem.tsx**

```
import type { User } from "../types/user";

export const ListItem = (props: User) => {
  const { id, name, age, personalColor } = props;              ●----------------- 삭제
  const { id, name, age, personalColor = "grey" } = props;     ●--------- 추가
  return (
    <p style={{ color: personalColor }}>
      {id} : {name}({age})
```

```
      </p>
  );
};
```

또는 앞 단계에서 설명했던 FC나 VFC를 이용해 확실하게 타입을 정의한 경우 리액트 컴포넌트에 사용할 수 있는 defaultProps를 사용해 디폴트값을 설정해둘 수도 있습니다.

defaultProps를 이용한 디폴트값 정의 | ListItem.tsx

```
import type { FC } from "react";  ●---------------------------------추가
import type { User } from "../types/user";

export const ListItem = (props: User) => {  ●--------------------------삭제
export const ListItem: FC<User> = props => {  ●--------------------------추가
  const { id, name, age, personalColor = "grey" } = props;  ●-------------삭제
  const { id, name, age, personalColor } = props;  ●----------------------추가
  return (
    <p style={{ color: personalColor }}>
      {id} : {name}({age})
    </p>
  );
};


ListItem.defaultProps = { ●-
  personalColor: "grey"        |-----추가
};                          ●-
```

위와 같이 생략 가능한 Props에 디폴트 동작을 설정하면 다른 개발자가 봤을 때 이해하기 쉬운 컴포넌트가 됩니다. 또 Props가 정의되지 않은 경우에도 안정적으로 실행되게 할 수 있습니다.

옵셔널 체이닝

옵셔널 체이닝optional chaining은 타입스크립트 3.7 버전에서 추가된 기능입니다. 객체 안 속성의 존재 여부를 신경 쓰지 않고 안전하게 처리해주는 구조입니다. 글로는 이해하기 어려울 수 있으니 실제 예와 함께 확인해보겠습니다.

Mini Episode

 누시다! 고토! 전의 사내 시스템 말인데 '취미'도 몇 가지인가 등록된 것 같으니까 표시되도록 해주면 좋겠네!

 저, 어떻게 표시되게 할까요?

 좋은 느낌으로! 부탁해!

 좋은 느낌으로 해버리죠, 선배!

아무래도 취미는 복수로 등록되어 있고 아직 등록하지 않은 사람도 있는 것 같다.

이번 기능 추가와 함께 API를 통해 받은 데이터가 다음과 같이 변경되었다고 가정합니다.

📼 기능 추가 후 데이터를 얻은 결과

```json
[
  {
    "id": 1,
    "name": "누시다",
    "age": 24,
    "personalColor": "blue"
  },
  {
    "id": 2,
    "name": "사키오카",
    "age": 28,
```

```
            "personalColor": "pink"
          },
          {
            "id": 3,
            "name": "고토",
            "age": 23,
            "personalColor": "green",
            "hobbies": ["game", "soccer"]  ●--------- 추가
          }
        ]
```

이와 함께 타입 정의도 수정합니다.

기능 추가에 따른 타입 정의 수정 | user.ts

```
export type User = {
  id: number;
  name: string;
  age: number;
  personalColor?: string;
  hobbies?: string[];  ●--------- 추가
};
```

타입 정의는 string 배열 타입이며 hobbies가 설정되지 않은 데이터도 있으므로 ?를 붙여야
합니다.

App.tsx와 ListItem.txs에 Props를 추가합니다. 그리고 표시할 때는 배열에 사용할 수 있는
join 메서드를 사용합니다. join은 ( ) 안에 지정한 문자로 배열의 요소를 결합해 하나의 문
자열로 만드는 메서드입니다.

Props 추가 | App.tsx

```
// 생략
return (
  <div>
    {users.map(user => (
      <ListItem
        id={user.id}
```

```
        name={user.name}
        age={user.age}
        personalColor={user.personalColor}
        hobbies={user.hobbies}  ●--------추가
      />
    ))}
  </div>
  );
};
```

Props 추가(join 메서드 이용) | **ListItem.tsx**

```
// ... 생략
export const ListItem: FC<User> = props => {
  const { id, name, age, personalColor } = props;  ●-------------------삭제
  const { id, name, age, personalColor, hobbies } = props;  ●---------추가
  return (
    <p style={{ color: personalColor }}>
      {id} : {name}({age})  ●------------------------------------------삭제
      {id} : {name}({age}) {hobbies.join(" / ")}  ●--------------------추가
    </p>
  );
};
// ... 생략
```

이제 기능 구현이 마무리된 것으로 보입니다. 그러나 여기까지 구현하면 다음과 같이 에러가
표시됩니다.

출력 결과

```
Cannot read property 'join' of undefined
```

현재 API로 얻은 데이터에는 id가 3인 고토에만 hobbies가 설정되어 있습니다. 다른 데이터
는 hobbies가 undefined인 상태로 ListItem.tsx에 전달되었습니다. undefined에는 join이
라는 메서드를 이용할 수 없으므로 위와 같은 에러가 발생합니다. 실행할 때까지 hobbies가
설정되어 있지 않음을 모르는 것이 문제라고 할 수 있습니다.

hobbies에 ?를 붙였기 때문에 User의 타입 정의를 봤을 때 생략 가능하다는 것은 알 수 있으므로 옵셔널 체이닝을 사용해 이 문제를 해결합니다. 옵셔널 체이닝은 매우 간단하게 구현할 수 있습니다. 생략 가능한 속성명에 ?를 붙이기만 하면 됩니다.

옵셔널 체이닝 구현 | ListItem.tsx

```tsx
// ... 생략
export const ListItem: FC<User> = props => {
  const { id, name, age, personalColor, hobbies } = props;
  return (
    <p style={{ color: personalColor }}>
      {id} : {name}({age}) {hobbies.join(" / ")}  ●---------- 삭제
      {id} : {name}({age}) {hobbies?.join(" / ")}  ●--------- 추가
    </p>
  );
};
// ... 생략
```

이렇게 하면 에러 없이 데이터를 표시할 수 있습니다(그림 8-12).

그림 8-12 hobbies 표시

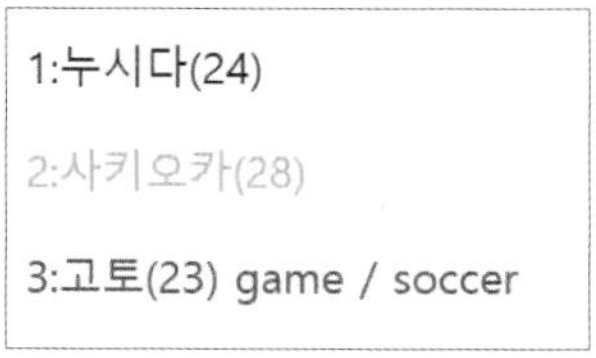

```
1:누시다(24)

2:사키오카(28)

3:고토(23) game / soccer
```

옵셔널 체이닝을 지정하면 속성이 존재하지 않는 경우 그 이후는 실행되지 않고 해당 시점에서 undefined를 반환합니다.

타입 정의 시 ?가 붙어 있는 속성을 구현할 때는 기본적으로 옵셔널 체이닝을 해두면 문제가 없습니다. 타입 정의를 한 상태에서 .를 입력할 때 편집기가 표시해주는 후보를 선택하면 자동으로 ?를 보완해주므로 편리합니다. 타입스크립트를 사용하면 다양한 위치에서 의미가 다른 ?가 나타나므로 처음에는 혼란할 수도 있습니다. 하지만 모두 반드시 알아야 하기 때문에 하나씩 순서대로 기억하는 것이 좋습니다.

8.8 라이브러리 타입 정의

지금까지 직접 구현한 코드에 대한 타입 정의를 설명했습니다. 실제 개발을 하다 보면 이외에도 많은 외부 라이브러리를 사용하게 되므로 여러 라이브러리의 타입 정의에 관해 알 필요가 있습니다. 외부 라이브러리의 타입 정의는 해당 라이브러리의 대응 상황에 따라 세 가지 패턴으로 나뉩니다.

패턴 1: 타입 정의가 없다

오래된 라이브러리의 경우 애초에 타입 정의가 존재하지 않기도 합니다. 그런 때는 해당 라이브러리 주변의 코드는 타입 정의를 하지 않고 사용하거나 직접 타입 정의를 작성할 수 있습니다. 타입 정의 존재 여부는 타입스크립트 프로젝트에서 라이브러리를 선정할 때 중요한 지표가 됩니다.

패턴 2: 라이브러리가 타입 정의를 포함하고 있다

애초에 라이브러리 자체가 타입 정의를 디폴트로 가지고 있는 경우 일반적으로 npm이나 yarn에서 라이브러리를 설치하면 타입이 적용된 상태에서 사용할 수 있습니다. 타입 정의 포함 여부는 깃허브 저장소에서 ~.d.ts 파일 여부로 판별할 수 있습니다. 예를 들어 axios 깃허브 저장소에서는 index.d.ts 폴더가 확인되며 이를 통해 타입 정의를 포함하는 것을 알 수 있습니다.

💬 사이트　axios 저장소

URL　https://github.com/axios/axios

그림 8-13 axios 저장소

패턴 3: 타입 정의를 별도로 설치한다

DefinitelyTyped라는 저장소에서 다양한 라이브러리 타입 정의를 관리하고 있습니다.

🖥 사이트   DefinitelyTyped 저장소

URL   https://github.com/DefinitelyTyped/DefinitelyTyped

그림 8-14 DefinitelyTyped 저장소

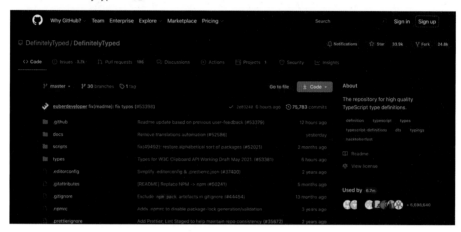

DefinitelyTyped에 타입 정의가 있는 라이브러리는 npm이나 yarn에서 @types/라이브러리명으로 타입 정의를 설치할 수 있습니다.

▼ react-router-dom 설치(npm)

```
npm install -D @types/react-router-dom
```

▼ react-router-dom 설치(yarn)

```
yarn add -D @types/react-router-dom
```

타입 정의 존재 여부를 DefinitelyTyped에서 확인하는 방법으로는 타입스크립트에서 공식 제공하는 Type Search(그림 8-15) 페이지를 통해 검색하거나, npm(yarn) info @types/라이브러리명을 실행해 반환되는 정보를 확인하는 방법이 있습니다.

🖥 사이트   타입스크립트 공식 사이트(Type Search 페이지)

URL   https://www.typescriptlang.org/dt/search

그림 8-15 TypeSearch 화면

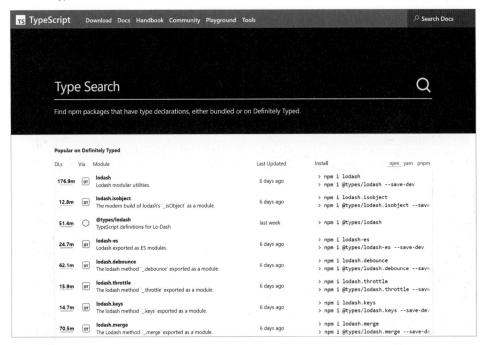

리액트×타입스크립트 개발을 할 때는 앞서 설명한 패턴에 따라 라이브러리 타입 정보를 능숙하게 다루면서 구현합시다.

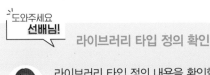

라이브러리 타입 정의 확인

라이브러리 타입 정의 내용을 확인할 때는 VSCode 같은 편집기에서 import한 타입 정의에 마우스를 올린 다음, 맥에서는 [command] + 클릭, 윈도우에서는 [Ctrl]] + 클릭으로 node_modules 아래의 해당 타입 정의 파일까지 한 번에 이동할 수 있어요! 전 세계 사람이 사용하는 라이브러리는 어떤 타입 정의를 갖고 있는지 보는 것도 재미있으니 꼭 확인해보세요!

8.9 정리

- 타입에 안정적인 개발을 하는 것은 향후 개발에서 필수다.
- tsconfig.json에 프로젝트에 적절한 설정을 해서 규칙을 커스터마이즈할 수 있다.
- 타입을 정의함으로써 프로그래밍 중 오타 때문에 발생하는 에러를 방지할 수 있다.
- 타입을 정의함으로써 Props의 오타나 과부족을 감지할 수 있다.
- 타입 정의는 export로 다른 파일에서도 참조할 수 있으므로 일원화해서 관리한다.
- 컴포넌트에도 타입을 부여할 수 있다(FC, VFC).
- ?를 활용한다.
- 외부 라이브러리의 타입 정의는 패턴에 따라 대응한다.

사용자 정의 훅

일정 규모 이상의 리액트 애플리케이션을 작성하다 보면 컴포넌트와 로직을 분리하는 구현이 중요해집니다. 이번 장에서는 이를 구현하기 위한 사용자 정의 훅에 관해 학습합니다.

선배! 데이터를 얻는 기능을 수정하고 있는데요. 이 컴포넌트에도 같은 처리가 있는데 수정이 되지 않습니다!

 아! 정말이네, 빼먹었어요. 미안, 수정해둘게요.

이전에 과장님에게 부탁받은 사내 시스템을 수정한 나는 어느새 사내 시스템 담당자가 되어 있었다.

 잘하고 있나 보네요(웃음). 뭔가 문제라도 있어요??

나는 기능을 수정할 때 다른 위치에도 같은 처리가 있는 것을 모르고 대응하지 못한 것에 대해 얘기했다.

 그렇군요. 누시다 씨가 충분히 확인하지 못한 것도 있지만 애초에 잘못 만든 것도 있어요.

 그런가요? 어떻게 만드는 게 좋을까요?

 조금 더 익숙해지면 생각해보려 했는데, 마침 기회가 되었으니 두 사람 모두 사용자 정의 훅에 관해 학습하면 좋겠네요. 실무도 살짝 엿볼 수 있을 것 같고요.

 사용자 정의 훅! 뭔가 이름이 멋진데요!!

 사용자 정의 훅을 잘 사용하게 되면 이번처럼 여러 위치에서 같은 로직을 사용하는 경우, 처리를 공통화하거나 컴포넌트 유지보수성이나 가독성을 높일 수 있어요. 리액트 중급자가 되기 위해서는 꼭 알아야 하는 지식이에요!

그렇다면 빨리 알고 싶은데요! 새로운 구문을 배워야 할까요?

 그런 건 아니에요. 사용자 정의 훅은 지금까지 학습한 지식들을 응용하면 충분히 사용할 수 있어요.

 어쩐지 저도 할 수 있을 것 같은 느낌이 드네요!

 사실, 할 수 없으면 곤란해요!

 네...

언제나처럼 풀이 곧 죽은 고토를 보며 세 사람은 웃었다. 사키오카 선배에게 한동안 지도받던 리액트 교육 과정의 대장정도 끝이 보인다는 생각을 하며 사용자 정의 훅 학습을 시작했다.

9.1 사용자 정의 훅

사용자 정의 훅(커스텀 훅)은 임의의 처리를 모아서 직접 훅을 만들어 구현하는 것을 말합니다. 사용자 정의 훅을 사용하면 로직을 컴포넌트에서 분리하거나 여러 컴포넌트의 로직을 재사용할 수 있습니다.

사용자 정의 훅 개요

지금까지 소개한 리액트에 기본 탑재된 훅은 다음과 같습니다.

- useState
- useEffect
- useCallback
- useMemo
- useContext

또한 이 책에서는 설명하지 않지만 다음과 같은 훅도 있습니다.

- useRef
- useReducer
- useLayoutEffect
- useImperaTiveHandle
- useDebugValue

사용자 정의 훅을 사용해 편의 기능이나 특정 로직(예: 데이터 획득, 로그인 처리)을 실행하는 훅을 프로젝트 안에서 직접 만듭니다. 사용자 정의 훅의 이름은 표준 훅이 모두 use로 시작하므로 마찬가지로 use로 시작하도록 이름을 정할 것을 권장합니다. 다음은 공식 사이트에서 인용한 내용입니다.

> 리액트 컴포넌트와는 다르게 사용자 정의 훅은 특정한 시그니처가 필요 없습니다. 무엇을 인수로 받아야 하며 필요하다면 무엇을 반환해야 하는지를 사용자가 결정할 수 있습니다. 다시 말하지만 보통 함수와 마찬가지입니다. 이름은 반드시 use로 시작해야 하는데 그래야만 한눈에 보아도 훅 규칙이 적용되는지를 파악할 수 있기 때문입니다.

※ 리액트 공식 사이트에서 인용(https://ko.reactjs.org/docs/hooks-custom.html)

예를 들어 사용자 데이터 목록을 얻고 설정하는 훅이라면 useFetchUsers라는 이름을 붙입니다. 그리고 사용자 정의 훅 파일 안에서도 다양한 훅을 사용할 수 있습니다. useState를 사용해 State를 정의하거나 useEffect로 부작용을 제어할 수도 있습니다. 이 점이 보통의 자바스크립트 함수와 다릅니다. 그 외의 일반적인 함수는 동일하므로 어떻게 사용할 것인가, 어떤 사용자 정의 훅을 만들 것인가와 같은 가능성은 무한합니다. 반드시 잘 활용해서 프로젝트에 도움이 되는 편리한 훅을 만들어보기 바랍니다. 실제 사용 방법은 뒤에서 설명합니다.

사용자 정의 훅의 필요성

사용자 정의 훅의 필요성을 확인하기 위해 먼저 사용자 정의 훅을 사용하지 않고 심플한 데이터를 취득/변환/표시하는 애플리케이션 예를 생각해봅니다. 타입스크립트는 사용하지 않겠습니다.

폴더 구성 **데이터 취득/변환/표시 애플리케이션**

```
[프로젝트]
├── public
│   ├── index.html
│   └── (Create React App 실행 시 생성되는 다른 파일들)
├── src
│   ├── App.jsx
│   └── index.js
└── package.json 등
```

App.jsx에 코드를 기술했습니다. 다음과 같은 엔드포인트가 존재하고 이 API를 호출해 예의 목록 데이터를 얻을 수 있다고 가정합니다.

엔드포인트

https://example.com/users

취득 결과

```
[
  {
    "id": 1,
```

```
      "firstname": "쓰토무",
      "lastname": "누시다",
      "age": 24
    },
    {
      "id": 2,
      "firstname": "미라이",
      "lastname": "사키오카",
      "age": 28
    },
    {
      "id": 3,
      "firstname": "이치로",
      "lastname": "고토",
      "age": 23
    }
  ]
```

그럼 구현해봅시다. axios를 사용해 데이터를 얻어야 하므로 설치해둡니다. 애플리케이션 사양은 다음과 같습니다.

- 버튼을 클릭해 사용자 데이터 취득
- 취득 중에는 '데이터를 가져오고 있습니다' 표시
- 에러가 발생하면 빨간색으로 '에러가 발생했습니다' 표시
- lastname(성)과 firstname(이름)은 반각 공백을 지우고 결합해서 표시

사용자 목록 정보, 로딩 중 여부, 에러 발생 여부라는 세 개의 State가 필요할 것입니다. 이 사양을 만족하는 코드 예는 다음과 같습니다.

사양을 만족하는 코드 | **App.jsx**

```jsx
import { useState } from "react";
import axios from "axios";

export const App = () => {
  const [userList, setUserList] = useState([]);
  const [isLoading, setIsLoading] = useState(false);
  const [isError, setIsError] = useState(false);
```

```jsx
// 사용자 정보 얻기 버튼 클릭 시 액션
const onClickFetchUser = () => {
  // 버튼 클릭 시 로딩 on, 에러 플래그 off
  setIsLoading(true);
  setIsError(false);

  // API 실행
  axios
    .get("https://example.com/users")
    .then(result => {
      // 성과 이름을 결합하도록 변환
      const users = result.data.map(user => ({
        id: user.id,
        name: `${user.lastname} ${user.firstname}`,
        age: user.age
      }));
      // 사용자 목록 State 업데이트
      setUserList(users);
    })
    // 에러가 발생하면 에러 플래그 on
    .catch(() => setIsError(true))
    // 처리가 완료된 뒤에는 로딩 플래그 off
    .finally(() => setIsLoading(false));
};

return (
  <div>
    <button onClick={onClickFetchUser}>사용자 정보 얻기</button>
    {/* 에러 발생 시 에러 메시지 표시 */}
    {isError && <p style={{ color: "red" }}>에러가 발생했습니다</p>}
    {/* 로딩 중에는 표시 전환 */}
    {isLoading ? (
      <p>데이터를 가져오고 있습니다</p>
    ) : (
      userList.map(user => (
        <p key={user.id}>{`${user.id} : ${user.name}(${user.age} 세)`}</p>
      ))
    )}
  </div>
);
};
```

'사양을 만족하는 코드'의 초기 표시는 [그림 9-1]과 같습니다. 다음으로 [사용자 정보 얻기] 버튼 클릭 시 데이터를 취득하는 API를 실행합니다(그림 9-2). 데이터 얻기를 완료하면 [그림 9-3]과 같이 취득한 데이터가 표시됩니다.

그림 9-1 초기 표시

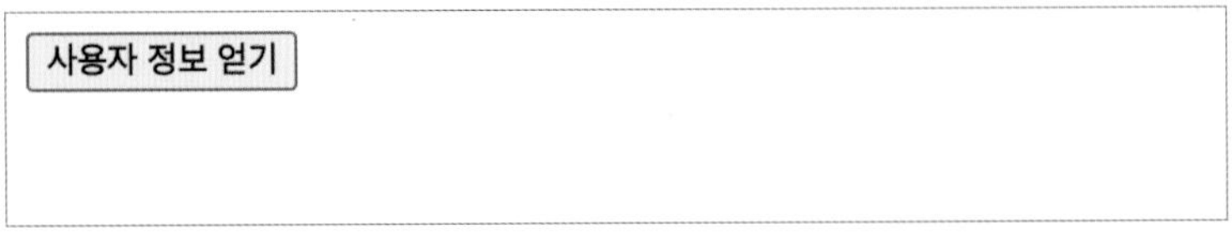

사용자 정보 얻기

그림 9-2 데이터 취득 중

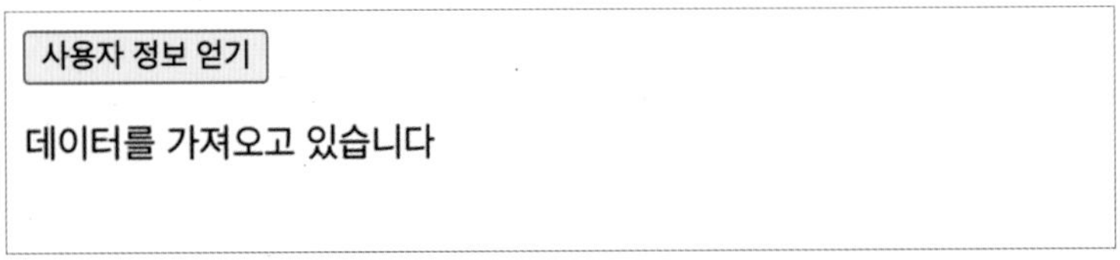

사용자 정보 얻기

데이터를 가져오고 있습니다

그림 9-3 취득 결과 표시

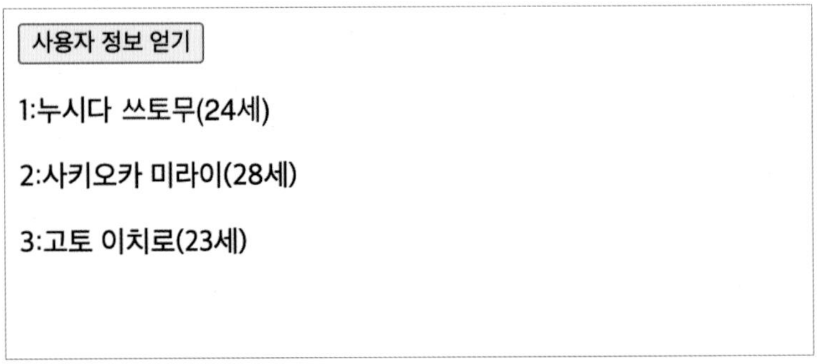

사용자 정보 얻기

1:누시다 쓰토무(24세)

2:사키오카 미라이(28세)

3:고토 이치로(23세)

그리고 API 실행 시 에러가 발생하면 [그림 9-4]와 같이 표시됩니다.

그림 9-4 에러 발생 시

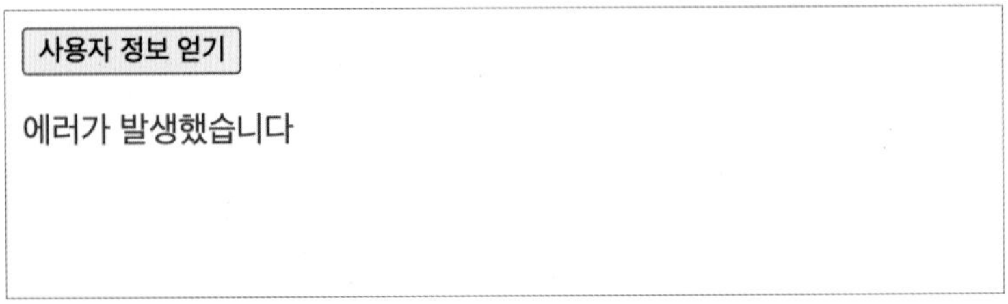

사용자 정보 얻기

에러가 발생했습니다

기능은 구현되어 있지만 onClickFetchUser 함수 안에서 플래그 설정이나 데이터 취득, 변환을 하기 때문에 컴포넌트 코드양이 증가하게 됩니다. 본래 컴포넌트의 책임은 부여된 데이터에 기반해 화면의 형태를 구축하는 것이므로 복잡한 로직 부분은 분리해두는 것이 좋습니다.

그리고 다른 컴포넌트에서 같은 형태의 사용자 목록 취득을 구현한다면 onClickFetchUser 함수의 내용을 모두 복사해서 붙여 넣게 될 것입니다. 그러면 이후 로직이 변경될 경우 여러 컴포넌트를 수정해야 하므로 에피소드의 누시다와 같은 상황에 처하게 됩니다. 이런 코드를 개선하기 위한 사용자 정의 훅을 알아봅시다.

9.2 사용자 정의 훅 템플릿 작성

이제 사용자 정의 훅을 작성합니다. 앞에서 구현한 프로젝트에 계속 추가하겠습니다. 먼저 사용자 정의 훅을 넣기 위한 폴더를 만들고 그 안에 useFetchUsers.js라는 이름의 파일을 만듭니다.

폴더 구성 **사용자 정의 훅을 위한 폴더 생성**

사용자 정의 훅은 단순 함수이며 다음과 같이 함수를 정의합니다. 다른 파일에서 이용할 것이므로 컴포넌트와 마찬가지로 export하는 것을 잊지 않도록 합니다.

사용자 정의 훅 함수 구현　　　　　　　　　　　　　　　　　　　　| **useFetchUsers.js**

```
// 사용자 목록을 얻는 사용자 정의 훅
export const useFetchUsers = () => {}
```

먼저 컴포넌트 측에서 유지할 수 있는지 확인하기 위해 임시 State와 함수를 정의해 return해서 반환하도록 합니다.

임시 State와 함수 정의　　　　　　　　　　　　　　　　　　　　| **useFetchUsers.js**

```
import { useState } from "react"; ●--------- 추가

// 사용자 목록을 얻는 사용자 정의 훅
export const useFetchUsers = () => {
  const [userList, setUserList] = useState([{ id: 1 }]); ●--
                                                          |---- 추가
  const onClickFetchUser = () => alert('함수 실행')  ●--

  // 모아서 반환할 객체에 설정하기
  return { userList, onClickFetchUser } ●--------------------- 추가
}
```

사용자 정의 훅에서는 State나 함수 등 여러 값을 return할 때가 많으므로 위와 같이 객체(또는 배열)로 모아서 반환하는 경우가 많습니다. 또한 예에서는 userList라는 속성에 userList라는 변숫값을 할당했습니다. 이는 2.7절에서 소개한 생략 표기법을 사용한 것입니다.

사용자 정의 훅을 컴포넌트에서 실행할 때는 다음과 같이 작성합니다. 불필요한 부분은 일단 삭제합니다.

불필요한 부분 삭제　　　　　　　　　　　　　　　　　　　　　　　| **App.jsx**

```
import { useState } from "react";
import axios from "axios"; ●----------------------------------- 삭제
import { useFetchUsers } from "./hooks/useFetchUsers"; ●--------- 추가

export const App = () => {
  // 사용자 정의 훅 사용
  // 함수를 실행하고 반환값을 분할 대입해서 전달
```

```
const { userList, onClickFetchUser } = useFetchUsers();  ●┐
console.log(userList); // [{ id: 1 }]                      │----- 추가
const [userList, setUserList] = useState([]);  ●---------------- 삭제
const [isLoading, setIsLoading] = useState(false);
const [isError, setIsError] = useState(false);

// 사용자 정보 얻기 버튼 클릭 시 액션
const onClickFetchUser = () => {  ●--------------------------- 삭제
  // 버튼 클릭 시 로딩 플래그 on, 에러 플래그 off
  setIsLoading(true);
  setIsError(false);                          ●┐

  // API 실행                                    │
  axios                                         │
    .get("https://example.com/users")           │
    .then(result => {                           │
      // 성과 이름을 결합하도록 변환                 │
      const users = result.data.map(user => ({  │
        id: user.id,                            │
        name: `${user.lastname} ${user.firstname}`, │-------- 삭제
        age: user.age                           │
      }));                                       │
      // 사용자 목록 State 업데이트                 │
      setUserList(users);                        │
    })                                           │
    // 에러가 발생하면 에러 플래그 on                │
    .catch(() => setIsError(true))              │
    // 처리가 완료된 뒤에는 로딩 플래그 off          │
    .finally(() => setIsLoading(false));         │
};                                            ●┘


return (
  <div>
    <button onClick={onClickFetchUser}>사용자 정보 얻기</button>
    {/* 에러 발생 시 에러 메시지 표시 */}
    {isError && <p style={{ color: "red" }}>에러가 발생했습니다</p>}
    {/* 로딩 중에는 표시 전환 */}
    {isLoading ? (
      <p>데이터를 가져오고 있습니다</p>
```

```
    ) : (
      userList.map(user => (
        <p key={user.id}>{`${user.id} : ${user.name}(${user.age} 세)`}</p>
      ))
    )}
  </div>
  );
};
```

userList에 사용자 정의 훅에서 설정한 값이 들어 있는 것을 확인할 수 있습니다. 그리고 이 상태에서 버튼을 클릭하면 경고가 표시되므로 사용자 정의 훅에서 정의한 onClickFetchUser 함수가 올바르게 실행되는 것도 확인할 수 있습니다.

그림 9-5 버튼 클릭 결과

사용자 정의 훅은 이렇게 컴포넌트 측에서 읽은 훅을 실행하고 경우에 따라서는 여러 반환값을 받아서 사용합니다.

9.3 사용자 정의 훅 구현

템플릿을 작성하고 접속을 확인했으므로 이번엔 처리를 구현합니다. 별다르게 할 것은 없고 이미 작성했던 처리를 옮기면 됩니다. userlist뿐만 아니라 isLoading이나 isError도 사용자 목록을 얻는 데 관계된 State이므로 사용자 정의 훅이 갖도록 구현합니다.

데이터 취득 처리 구현 | **useFetchUsers.js**

```js
import { useState } from "react";
import axios from "axios";                                        ● ---------------------------------추가

// 사용자 목록을 얻는 사용자 정의 훅
export const useFetchUsers = () => {
  const [userList, setUserList] = useState([{ id: 1 }]);     ● ----------삭제
  const [userList, setUserList] = useState([]);               ●
  const [isLoading, setIsLoading] = useState(false);          ● ------------추가
  const [isError, setIsError] = useState(false);              ●

  const onClickFetchUser = () => alert('함수 실행')           ● ----------------삭제
  // 사용자 정보 얻기 버튼 클릭 시 액션
  const onClickFetchUser = () => {                            ●

    // 버튼 클릭 시 로딩 on, 에러 플래그 off
    setIsLoading(true);
    setIsError(false);

    // API 실행
    axios
      .get("https://example.com/users")                       ------------추가
      .then(result => {
        // 성과 이름을 결합할 수 있도록 변환
        const users = result.data.map(user => ({
          id: user.id,
          name: `${user.lastname} ${user.firstname}`,
          age: user.age
        }));
        // 사용자 목록 State 업데이트
```

```
      setUserList(users);
    })
    // 에러가 발생하면 에러 플래그 on
    .catch(() => setIsError(true))          ┆----------추가
    // 처리가 완료된 뒤에는 로딩 플래그 off
    .finally(() => setIsLoading(false));
  };

  // 모아서 반환할 것이므로 객체에 설정
  return { userList, onClickFetchUser }  •--------------------------삭제
  return { userList, isLoading, isError, onClickFetchUser }; •---------추가
}
```

데이터 취득 처리 구현 | App.jsx

```jsx
import { useState } from "react";
import { useFetchUsers } from "./hooks/useFetchUsers";

export const App = () => {
  // 사용자 정의 훅 사용
  // 함수를 실행하고 반환값을 분할 대입으로 전달
  const { userList, onClickFetchUser } = useFetchUsers();  •------------삭제
  const { userList, isLoading, isError, onClickFetchUser } = useFetchUsers();  •--추가
  console.log(userList); // [{ id: 1 }]
  const [isLoading, setIsLoading] = useState(false);  ┆--------------삭제
  const [isError, setIsError] = useState(false);

  return (
    <div>
      <button onClick={onClickFetchUser}>사용자 정보 얻기</button>
      {/* 에러 발생 시 에러 메시지 표시 */}
      {isError && <p style={{ color: "red" }}>에러가 발생했습니다</p>}
      {/* 로딩 중에는 표시 전환 */}
      {isLoading ? (
        <p>데이터를 가져오고 있습니다</p>
      ) : (
        userList.map(user => (
          <p key={user.id}>{`${user.id} : ${user.name}(${user.age} 세)`}</p>
        ))
      )}
```

```
    </div>
  );
};
```

이로써 로직을 완전히 분리했습니다. 사용자 정의 훅을 구현하기 전에 비해 `App.jsx`가 매우 깔끔해졌습니다. 그리고 다른 컴포넌트에서 사용자 목록을 얻을 때도 다음과 같이 두 행만 추가하면 이를 구현할 수 있습니다.

추가한 처리 | App.jsx

```
import { useFetchUsers } from "./hooks/useFetchUsers";
// ... 생략
  const { userList, isLoading, isError, onClickFetchUser } = useFetchUsers();
```

로직이 업데이트되었을 때도 useFetchUsers만 수정하면 되므로 누시다처럼 수정을 누락할 일도 없어질 것입니다. 이렇게 사용자 정의 훅을 적절하게 사용하면 가독성과 유지보수성이 높은 리액트 개발을 할 수 있습니다. 잘 활용해보기 바랍니다.

도와주세요 선배님! 서버리스 아키텍처를 제공하는 서비스

두 사람 모두 수고했어요! 처음 만났을 때보다 리액트에 대해 좀 더 깊게 이해하게 됐죠?

선배님 덕분입니다. 정말 감사드려요.

선배님! 이번에 배운 걸 살려 개인적으로 뭔가 만들어보고 싶은데요. 역시 백엔드 언어를 공부해야 할까요?

물론 계속 공부하기는 해야죠. 하지만 서버리스 아키텍처를 제공하는 서비스를 사용하면 백엔드 환경을 구축하지 않더라도 만들 수 있을 거예요. 누시다 씨는 혹시 어떤 서비스들이 있는지 아나요?

음. 파이어베이스Firebase밖에는 모르겠습니다.

맞아요. 파이어베이스도 그중 하나죠. AWS 앰플리파이^{AWS Amplify}도 있고요. 최근 인기를 얻고 있는 슈파베이스^{Supabase}도 개인적으로는 중요하다고 생각해요.

그런 것들을 사용하면 백엔드 기능을 손쉽게 만들 수 있다는 거군요! 꼭 활용해보겠습니다!!

9.4 정리

- 리액트 표준 훅뿐만 아니라 직접 훅을 만들 수 있다.
- use~라는 이름으로 직접 만든 훅을 사용자 정의 훅이라고 부른다.
- 사용자 정의 훅으로 만듦으로써 로직과 View(형태)를 분리할 수 있다.
- 사용자 정의 훅으로 만듦으로써 훅을 재사용할 수 있게 된다.
- 사용자 정의 훅으로 만듦으로써 변경 시 대응해야 할 곳을 줄일 수 있다.

부록

리액트×타입스크립트
실전 연습

A.1 리액트×타입스크립트로 애플리케이션 작성하기

마지막으로 이 책에서 학습한 내용을 복습하기 위해 3장에서 작성한 메모 애플리케이션과 같은 것을 작성해봅니다. 리액트와 타입스크립트를 사용해서 개발할 것입니다. CSS 라이브러리는 어느 것을 사용해도 좋지만 예제에서는 styled components를 사용합니다. 새로운 내용이나 개념을 다루지는 않으며 설명은 최소화했습니다. 도전하기를 좋아한다면 우선 예제를 보지 않고 구현한 뒤 해답을 보며 활용하기 바랍니다.

사전 준비

작성할 메모 애플리케이션을 다시 확인하겠습니다. 다음은 메모 애플리케이션의 사양입니다 (그림 A-1~A-3).

그림 A-1 초기 표시

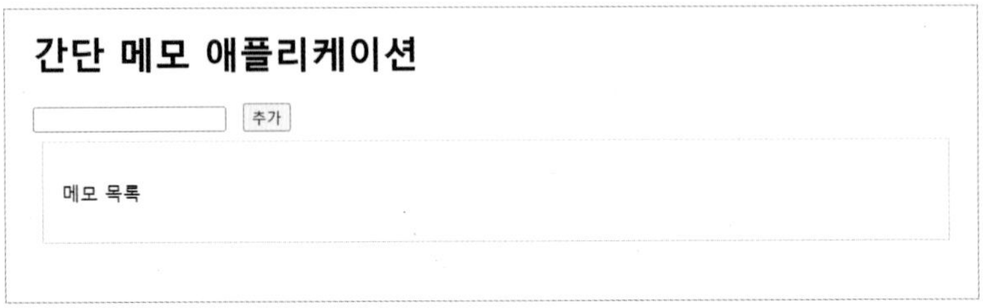

그림 A-2 텍스트 박스에 메모 내용 입력

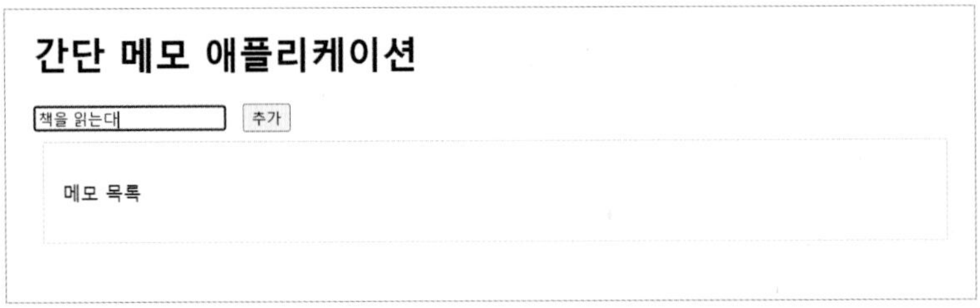

그림 A-3 [추가] 버튼 클릭 후

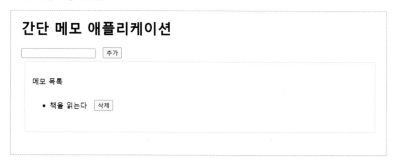

[그림 A-2]처럼 텍스트 박스에 내용을 입력하고 [추가] 버튼을 클릭하면 목록에 추가되고 각 행의 [삭제] 버튼을 클릭하면 해당 행이 목록에서 삭제됩니다. 이것을 리액트 버전으로 만들 것입니다.

먼저 CodeSandbox 또는 create-react-app 명령어로 리액트×타입스크립트 프로젝트를 만듭니다. 초기에 배치하는 파일은 다음과 같습니다.

폴더 구성 **초기 배치 파일**

사전 준비 | **index.tsx**

```
import { render } from "react-dom";
import { App } from "./components/App";

const rootElement = document.getElementById("root");
render(<App />, rootElement);
```

```
export const App = () => {
  return <h1>간단 메모 애플리케이션</h1>;
};
```

h1 태그로 화면에 표시할 타이틀만 구현했습니다. 그리고 styled-compoments와 @types/
styled-components를 설치합니다. 이 상태에서 개발을 진행합니다.

A.2 메모 애플리케이션 구현

메모 애플리케이션을 구현한 파일은 App.tsx입니다. 이해되지 않는 부분이 있다면 이 책에서
해당 장을 찾아보기 바랍니다. 다음은 전체 처리를 기술한 App.tsx 예입니다.

메모 애플리케이션 구현 | App.tsx

```
import { ChangeEvent, useState, FC } from "react";
import styled from "styled-components";

export const App: FC = () => {
  // 텍스트 박스 State
  const [text, setText] = useState<string>("");
  // 메모 목록 State
  const [memos, setMemos] = useState<string[]>([]);

  // 텍스트 박스 입력 시 입력 내용을 State에 설정
  const onChangeText = (e: ChangeEvent<HTMLInputElement>) => setText(e.target.value);

  // [추가] 버튼 클릭 시
  const onClickAdd = () => {
    // State 변경을 정상적으로 감지하기 위해 새로운 배열을 생성
    const newMemos = [...memos];
    // 텍스트 박스 입력 내용을 메모 배열에 추가
    newMemos.push(text);
    setMemos(newMemos);
    // 텍스트 박스 비움
```

```
      setText("");
    };

    // [삭제] 버튼 클릭 시(몇 번째 버튼이 클릭되었는지 인수로 전달)
    const onClickDelete = (index: number) => {
      // State 변경을 정상적으로 감지하기 위해 새로운 배열을 생성
      const newMemos = [...memos];
      // 메모 배열로부터 해당 요소 삭제
      newMemos.splice(index, 1);
      setMemos(newMemos);
    };

    return (
      <div>
        <h1>간단 메모 애플리케이션</h1>
        <input type="text" value={text} onChange={onChangeText} />
        <SButton onClick={onClickAdd}>추가</SButton>
        <SContainer>
          <p>메모 목록</p>
          <ul>
            {memos.map((memo, index) => (
              <li key={memo}>
                <SMemoWrapper>
                  <p>{memo}</p>
                  <SButton onClick={() => onClickDelete(index)}>삭제</SButton>
                </SMemoWrapper>
              </li>
            ))}
          </ul>
        </SContainer>
      </div>
    );
};

const SButton = styled.button`
  margin-left: 16px;
`;
const SContainer = styled.div`
  border: solid 1px #ccc;
  padding: 16px;
```

```
  margin: 8px;
`;
const SMemoWrapper = styled.div`
  display: flex;
  align-items: center;
`;
```

컴포넌트화

메모 목록을 표시하는 영역은 컴포넌트로 만들어도 관계없습니다. MemoList.tsx라는 이름으로 새로운 컴포넌트를 만들고 내용을 이식합니다.

폴더 구성 **컴포넌트 작성**

```
📁 [프로젝트]
  ├─ 📁 public
  │    ├─ 📄 index.html
  │    └─ 📄 (Create React App 실행 시 생성되는 다른 파일들)
  ├─ 📁 src
  │    ├─ 📁 components
  │    │    ├─ 📄 App.tsx
  │    │    └─ 📄 MemoList.tsx ◀── 추가
  │    └─ 📄 index.tsx
  └─ 📄 package.json 등
```

컴포넌트 작성   **| App.tsx**

```tsx
import { ChangeEvent, useState, FC, useCallback } from "react";
import styled from "styled-components";
import { MemoList } from "./MemoList";  ●----------- 추가

export const App: FC = () => {
  // 텍스트 박스 State
  const [text, setText] = useState<string>("");
```

```tsx
// 메모 목록 State
const [memos, setMemos] = useState<string[]>([]);

// 텍스트 박스 입력 시 입력 내용을 State에 설정
const onChangeText = (e: ChangeEvent<HTMLInputElement>) => setText(e.target.value);

// [추가] 버튼 클릭 시
const onClickAdd = () => {
  // State 변경을 정상적으로 감지하기 위해 새로운 배열을 생성
  const newMemos = [...memos];
  // 텍스트 박스 입력 내용을 메모 배열에 추가
  newMemos.push(text);
  setMemos(newMemos);
  // 텍스트 박스를 비움
  setText("");
};

// [삭제] 버튼 클릭 시(몇 번째 버튼이 클릭되었는지 인수로 전달)
const onClickDelete = (index: number) => {            ●--------------------삭제
const onClickDelete = useCallback((index: number) => {  ●----------추가
  // State 변경을 정상적으로 감지하기 위해 새로운 배열을 생성
  const newMemos = [...memos];
  // 메모 배열에서 해당 요소를 삭제
  newMemos.splice(index, 1);
  setMemos(newMemos);
};  ●--------------------삭제
}, [memos]);  ●-----------추가


return (
  <div>
    <h1>간단 메모 애플리케이션</h1>
    <input type="text" value={text} onChange={onChangeText} />
    <SButton onClick={onClickAdd}>추가</SButton>
    <MemoList memos={memos} onClickDelete={onClickDelete} />  ●--------추가
    <SContainer>
      <p>메모 목록</p>
      <ul>
        {memos.map((memo, index) => (                                      ┆
          <li key={memo}>                                          ┆----삭제
            <SMemoWrapper>                                                 ┆
```

```
                <p>{memo}</p>
                <SButton onClick={() => onClickeDelete(index)}>삭제</SButton>
                </SmemoWrapper>
            </li>
          ))}
        </ul>
      <SContainer>
    </div>
  );
};

const SButton = styled.button`
  margin-left: 16px;
`;
const SContainer = styled.div`
  border: solid 1px #ccc;
  padding: 16px;
  margin: 8px;
`;
const SMemoWrapper = styled.div`
  display: flex;
  align-items: center;
`;
```

삭제

컴포넌트 작성 | MemoList.tsx

```
import { FC } from "react";
import styled from "styled-components";

// 필요한 Props: 메모 목록과 삭제 시 실행할 함수
type Props = {
  memos: string[];
  onClickDelete: (index: number) => void;
};

export const MemoList: FC<Props> = (props) => {
  const { memos, onClickDelete } = props;

  return (
    <SContainer>
```

```
      <p>메모 목록</p>
      <ul>
        {memos.map((memo, index) => (
          <li key={memo}>
            <SMemoWrapper>
              <p>{memo}</p>
              <SButton onClick={() => onClickDelete(index)}>삭제</SButton>
            </SMemoWrapper>
          </li>
        ))}
      </ul>
    </SContainer>
  );
};

const SButton = styled.button`
  margin-left: 16px;
`;
const SContainer = styled.div`
  border: solid 1px #ccc;
  padding: 16px;
  margin: 8px;
`;
const SMemoWrapper = styled.div`
  display: flex;
  align-items: center;
`;
```

메모 목록 부분을 컴포넌트로 만드는 데 성공했습니다. onClickDelete 함수는 Props에 전달
하게 되므로 useCallback을 사용해서 함수를 메모이제이션해두는 것이 좋습니다.

A.4 사용자 정의 훅 만들기

마지막으로 메모에 관한 로직과 목록 데이터를 사용자 정의 훅을 사용해 분리해봅니다. hooks
폴더를 만들고 그 아래에 useMemoList.ts라는 이름으로 사용자 정의 훅을 작성해서 구현합니

다. 사용자 정의 훅에는 메모 목록 데이터, 메모 추가 로직, 메모 삭제 로직을 포함하면 좋을 것입니다.

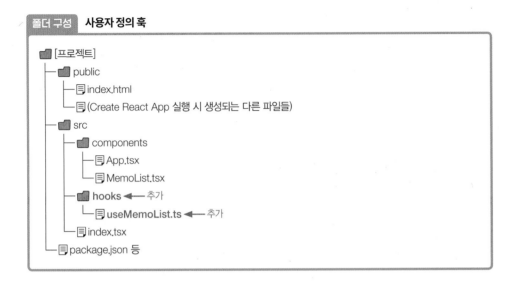

폴더 구성 사용자 정의 훅

```
[프로젝트]
├── public
│   ├── index.html
│   └── (Create React App 실행 시 생성되는 다른 파일들)
├── src
│   ├── components
│   │   ├── App.tsx
│   │   └── MemoList.tsx
│   ├── hooks  ◀── 추가
│   │   └── useMemoList.ts  ◀── 추가
│   └── index.tsx
└── package.json 등
```

사용자 정의 훅 만들기　　　　　　　　　　　　　　　　　　　　　　　| App.tsx

```tsx
import { ChangeEvent, useState, FC } from "react";
import styled from "styled-components";
import { MemoList } from "./MemoList";
import { useMemoList } from "../hooks/useMemoList";  ●--------------- 추가

export const App: FC = () => {
  // 사용자 정의 훅으로 각각 얻기
  const { memos, addTodo, deleteTodo } = useMemoList();  ●----------- 추가
  // 텍스트 박스 State
  const [text, setText] = useState<string>("");
  // 메모 목록 State
  const[memos, setMemos] = useState<String[]>([]);  ●--------------- 삭제

  // 텍스트 박스 입력 시 입력 내용을 State에 설정
  const onChangeText = (e: ChangeEvent<HTMLInputElement>) => setText(e.target.value);

  // [추가] 버튼 클릭 시
  const onClickAdd = () => {
```

```
    // State 업데이트를 정상적으로 감지하기 위해 새로운 배열을 생성
    const newMemos = [...memos];
    // 텍스트 박스의 입력 내용을 메모 배열에 추가
    newMemos.push(text);
    setMemos(newMemos);
    // 사용자 정의 훅의 메모 추가 로직 실행
    addTodo(text);
    // 텍스트 박스를 빈 칸으로
    setText("");
  };


  // [삭제] 버튼 클릭 시(몇 번째 버튼이 클릭되었는지 인수로 전달)
  const onClickDelete = useCallback((index: number) => {
    // State 변경을 정상적으로 감지하기 위해 새로운 배열을 생성
    const newMemos = [...memos];
    // 메모 배열에서 해당 요소를 삭제
    newMemos.splice(index, 1);
    setMemos(newMemos);
  }, [memos]);
    // 사용자 정의 훅의 메모 삭제 로직 실행
    deleteTodo(index);
  },[deleteTodo]);


  return (
    <div>
      <h1>간단 메모 애플리케이션</h1>
      <input type="text" value={text} onChange={onChangeText} />
      <SButton onClick={onClickAdd}>추가</SButton>
      <MemoList memos={memos} onClickDelete={onClickDelete} />
    </div>
  );
};


const SButton = styled.button`
  margin-left: 16px;
`;
```

삭제

추가

삭제

추가

```ts
import { useCallback, useState } from "react";

// 메모 목록에 관한 사용자 정의 훅
export const useMemoList = () => {
  // 메모 목록 State
  const [memos, setMemos] = useState<string[]>([]);

  // 메모 추가 로직
  const addTodo = useCallback((text: string) => {
    // State 변경을 정상적으로 감지하기 위해 새로운 배열을 생성
    const newMemos = [...memos];
    // 텍스트 박스의 입력 내용을 메모 배열에 추가
    newMemos.push(text);
    setMemos(newMemos);
    // 의존 배열을 잊지 않도록 memos 추가
  }, [memos]);

  // 메모 삭제 로직
  const deleteTodo = useCallback((index: number) => {
    // State 변경을 정상적으로 감지하기 위해 새로운 배열을 생성
    const newMemos = [...memos];
    // 메모 배열에서 해당 요소 삭제
    newMemos.splice(index, 1);
    setMemos(newMemos);
  }, [memos]);

  return { memos, addTodo, deleteTodo };
};
```

메모 목록에 관한 데이터와 로직을 사용자 정의 훅으로 분리할 수 있습니다.

작성한 함수(addTodo)는 인수에 '추가할 항목'을 받고, 이를 메모 배열에 추가하는 로직을 담당합니다. 삭제 함수(deleteTodo)는 인수에 '삭제 대상이 몇 번째인가'를 받고 그것을 메모 배열에서 삭제하는 로직을 담당합니다. 이렇게 로직만을 분리하면 예를 들어 버튼을 클릭하지 않더라도 사용자 정의 훅을 사용할 수 있으므로 다른 컴포넌트에서 쉽게 사용할 수 있습니다.

처음에는 다음과 같은 단계를 밟아 구현하면 이해하기 쉬울 것입니다.

- 먼저 컴포넌트를 하나 구현한다.
- 컴포넌트로 만들 수 있는 부분을 분할한다.
- 로직을 분할할 수 있는 위치를 사용자 정의 훅으로 만든다.

마치며

끝까지 읽어주어 고맙습니다. 출판 경험은 처음이어서 부족한 부분이 많았을 겁니다. 짧은 주기로 코드를 개선하고 배포하는 게 익숙한 저로서는 출판이 부담스러웠습니다. 책이라는 매체는 간단히 수정할 수 있는 것도 아니고 가볍게 쓸 수 있는 것도 아니기 때문입니다. 그리고 집필 의뢰를 받았을 때는 막 창업한 시점이기도 했습니다. 직원 두 명과 우리만의 서비스를 만들려는 열정이 가득한 시기여서 출간 제안을 받아들이는 데 고심이 깊었습니다. 그럼에도 책을 쓰기로 결정한 이유는 제가 공부할 때 도움 받은 것처럼 지식은 함께 나누는 것이 좋다고 생각했기 때문입니다.

저도 선배들이 남겨준 다양한 리액트 교육 자료로 공부하면서 여기까지 왔습니다. 업계 전체에서 보면 아직 미숙하지만 용기를 냈습니다. 이제 막 입문한 분들에게 '이렇게 전달하면 쉽게 이해하지 않을까'하고 저만의 방식으로 알려주면 생각지 못한 반응을 얻기도 했습니다. 기술 수준에 상관없이 자신의 지식을 뒤따라오는 후배들에게 전함으로써 IT업계는 더욱 발전한다고 생각합니다.

프런트엔드 기술은 변화가 빠르고 2, 3년만 지나도 전혀 다른 기술 스택이 등장하기도 합니다. 빠르게 변하는 분야이지만 사용자 눈에 직접 보이는 부분을 구현하는 것은 그만한 가치가 있습니다. 늘 신선한 정보가 흐르는 포기할 수 없는 영역이기에 프런트엔드가 더욱 즐겁습니다.

컴포넌트 설계, 프런트엔드 테스트, Next.js, GraphQL, 복잡한 상태 관리, 다양한 서버리스 severless 관련 지식, 백엔드/DB 관련 지식, 접근성, PWA 등 앞으로 넘어야 할 산이 많습니다. 그 정상으로 이어줄 리액트 학습에 이 책이 도움 되면 좋겠습니다.

마지막으로 책을 펴내는 데 많은 조언을 준 집필 대선배 이치타니 도시히로 님, 가감 없는 리뷰를 해준 오우치 다쿠시 님과 미즈시마 유키 님, 출판 기회를 주고 함께 만족스러운 책으로 마무리해준 SB크리에이티브 오기하라 님, 리액트 강의 자료를 리뷰해준 모든 분과 노마운트 스터디 멤버에게 고맙다는 말을 전합니다. 여러분 덕에 이 책을 완성할 수 있었습니다. 진심으로 감사합니다.

index

index

index